Wladimir Lindenberg

Das Leben betrachten

Wladimir Lindenberg

Das Leben betrachten

»Ich weiß, daß es ein Auftrag ist«

Gespräche mit Christine Rackuff

Urachhaus

Die Deutsche Bibliothek – CIP-Einheitsaufnahme

Lindenberg, Wladimir:
Das Leben betrachten : ich weiß, daß es ein Auftrag ist ;
Gespräche mit Christine Rackuff / Wladimir Lindenberg. –
Stuttgart : Urachhaus, 1994
ISBN 3-8251-7002-0
NE: Rackuff, Christine:

ISBN 4

© 1994 Verlag Urachhaus GmbH, Stuttgart.
Einbandgestaltung Bruno Schachtner, Dachau.
Satz und Druck: Wagner GmbH, Nördlingen.

Inhalt

VORWORT   Worte eines Freundes   7

AUFTAKT   Nachmittagsgespräche bei Tee
meistens am Dienstag 10

EINSTIMMUNG von Wladimir Lindenberg 13

BIOGRAPHIE   Meine Vorfahren und ich 15

1. KAPITEL   Mein Leben damals und heute . . 23

2. KAPITEL   Natur, Mensch und Aberglaube . 35

3. KAPITEL   In die eigene Mitte gehen 47

4. KAPITEL   Freunde und Familie 54

5. KAPITEL   Vergeben und Verzeihen 66

6. KAPITEL   Goldene Kindheit 73

7. KAPITEL   Karma und Verantwortung 81

8. KAPITEL   Fasten, Heilung und Abschied . . 89

9. KAPITEL   Geheimnisse von Schlaf und
Traum 99

10. KAPITEL   Meister und Einweihungen 109

11. KAPITEL   Liebe 123

ANHANG   Briefe an Wladimir Lindenberg . . 133

Bücher von Wladimir Lindenberg 139

Glossar 142

Worte eines Freundes

Noch in meiner Studienzeit wurde ich Schüler in den Sitz- und Atemübungen des Zazen bei Karlfried Graf Dürkheim. Als ich dann nach Berlin ging, schickte er mich zu einem seiner bedeutendsten Freunde, Dr. Wladimir Lindenberg. Ich begegnete einem der wenigen Menschen, der damals, aus den Quellen alter Traditionen schöpfend, wie selbstverständlich lebte, was inzwischen von vielen als Mangel erkannt und mühsam gesucht wird. Die Selbstverständlichkeit muß aber wörtlich genommen werden, sonst täuscht das Wort über das vielseitige Ringen hinweg, in dem ein einfaches klares Erleben erst aus der Suche nach neuen Wegen und im harten Wandel der Lebensverhältnisse gereift war.

Daß letztlich so vieles in der Welt doch aus sich selbst verständlich ist, dieses Wissen, das wir als Kinder in der Verbindung von Vertrauen, Vorsicht und Neugier haben, wurde Wolodja früh durch eine fromme Lebenswelt bestätigt, so daß es immer den Grund bilden konnte. Wo die künstlerische Lehre, die wissenschaftlichen Studien, die Bildung nach den vielen Seiten der Geschichte und Literatur und Kunst und Religion, die Erfahrung von Ländern und Menschen, die praktische Weltkenntnis eigene Aufmerksamkeit erhielten und Auseinandersetzungen mit menschlichen Schwächen und politischen Gewalten daran gerissen und gezerrt haben, hat dieses Wissen offenbar auch an Stärke gewonnen. Vielleicht hat es sich verwandelt und erneuert; jedenfalls klingt es heute ganz rein aus jedem Augenblick, jeder Geste dieses Mannes. Dieses selbstverständliche und zugleich so schwer zu erwerbende Wissen leuchtet aus bekannten Erinnerungen und neuen Erlebnissen dieses Menschen, der wie kaum jemand sich treffend einen heiteren Leidenden nennt.

Da hinein zu horchen, lädt dieses Buch uns ein; die vielen Schichten und Richtungen dieses Wissens zu vernehmen jenseits und diesseits von aller Gelehrsamkeit und aller Stilistik. Die Schichten unserer Existenz können an diesem Wissen wach werden für solch gütiges Verstehen und solche entschiedene Strenge; für die Genauigkeit und Detailkenntnis, die wir noch heute an diesem Arzt im Umgang mit Patienten und Medikamenten, selbst den neuesten, bewundern, und für dieses unbeeindruckte Hinweggehen über alle Wichtigtuerei mit Angelerntem und Vorgezeigtem. Dazu gehört aber auch die Weite der Beziehungen zu gestaltetem Leben der anderen, bei einzelnen wie bei uns fernen Kulturen.

Wie Wolodja zu ihnen seine Seelenverwandschaften entdeckt und ausbildet, ist eine wunderbare Schule für sich. Würde und Reichtum der Welt werden darin ebenso zu einer Großherzigkeit dessen, der ihnen dankbar sich öffnet. Um Wolodja ist seit langem die Welt eine gastliche geworden. Freundschaft gilt nicht unter Menschen allein; nur wenn die Tiere und Pflanzen und Dinge und Vorgänge einbezogen sind. Den Menschen gegenüber soll sie freilich auch fordernd zu fördern wissen.

Ich bin sicher, daß die mit Wolodja, mit Dr. Lindenberg vertrauten Leser neu, die neuen Leser vielleicht unvermuteter und erstaunter, dieser Kunst zu leben sich auf ähnliche Weise werden öffnen können, wie er selbst immer wieder an anderen Vorbild, Ermutigung und Trost zu finden verstanden hat. In den Jahrzehnten, während derer er nun schon der bedeutendste Mensch für mich und meine Familie geworden ist, hat sich etwas Unerwartetes vollzogen.

Über alles bewußte Lernen von dem väterlichen Freunde hinaus sind, vielleicht an Erinnerungen eigenen unbewußten Wissens ansetzend, Beziehungen zum

Leben gewachsen, wie sie unsere deutsche, moderne Auffassung nicht kennt, und zwar so, als sei es von jeher so gewesen. Ohne die religiösen Zusammenhänge, aber eben auch ohne alle Scheu können mein noch sehr junger Sohn und ich etwas von jener ganz unreflektierten Frömmigkeit der Ikonenwelt empfinden; auch wenn wir immer daran noch denken müssen, können wir uns darin üben, uns und anderen die Wärme zu gönnen, die vom freien Ausdruck der Freude, der Liebe, der Dankbarkeit ausgeht; sich wundern und einen Menschen bewundern zu können, gehört ebenso dazu.

Dies alles ist er in denen, die auf ihn hören.

Prof. Dr. Rudolf Prinz zur Lippe, August 1993

Nachmittagsgespräche bei Tee – meistens am Dienstag

Gelegentlich war es auch ein Mittwoch oder ein anderer Tag in der Woche, an dem ich mit Mikrofon und Aufnahmegerät an seinem Bett saß. Dr. Wladimir Lindenberg hat noch immer, lange im voraus, einen vollen Terminkalender.

Ein Neffe aus New York sagt sich an, ein russischer Pianist aus Moskau oder ein Yogi aus dem Himalaja – das kleine Haus im Schatten des alten Kirschbaumes, zwischen Jasminbüschen und Ginster, ist seit Jahrzehnten Treffpunkt für Besucher aus der ganzen Welt.

Mit 91 Jahren, querschnittgelähmt, im Rollstuhl, nahezu blind, kocht er für seine Freunde nach alten, russischen Rezepten, bewirtet Künstler, Politiker, Weise und fürstliche Häupter aus dem europäischen Adel. Titel sind ihm nicht wichtig. Er würdigt jeden Menschen so, wie er ist. »Ich liebe sie alle«, sagt er, »und gebe jedem den gebührenden Platz.«

Es geschieht bisweilen, daß neue Bücher durch alte, bereits geschriebene ins Leben gerufen werden, und wenn man es liebt, dem Zufall zu huldigen, mag man erkennen, daß er bei der Entstehung dieses Werkes feinsinnig mitgespielt hat. »Das Leben betrachten« wollte geschrieben sein. Durch eine frühere Veröffentlichung von Wladimir Lindenberg wurde es an einem warmen Nachmittag im Mai 1992 auf den Weg gebracht. In einer kleinen Berliner Buchhandlung fiel es mir buchstäblich zu. Ich liebe diesen Ausdruck der Intuition, manchmal ist er präziser als ein Nachschlagewerk.

»Gespräche am Krankenbett«, grauer Einband mit weißer Nelke, handlich, Nachttischformat. Ich schlage das Kapitel »Weg in die Stille« auf und lese: »In der

Stille, in ihr allein, hört der Mensch die Stimme seiner Seele, die Stimme des Gewissens. Zuerst undeutlich und später immer klarer. Flüchten sie nicht, seien sie gütig zu ihr und versuchen sie, nach innen zu horchen.«

Die Botschaft erreicht meine Seele.

Ich schenke mir dieses Buch und damit die Idee zu einer STERNSTUNDE. In dieser monatlichen RIAS-Sendung stelle ich Menschen vor, deren Denken und Handeln über den Tag hinaus und über Horizonte gehen, und die uns neue Einsichten vermitteln.

Damals, als junge Volontärin beim »SPANDAUER VOLKSBLATT«, wußte ich, daß Dr. Wladimir Lindenberg Chefarzt im Evangelischen Waldkrankenhaus war. Ob er noch lebt, nach so vielen Jahren?

Anruf bei ihm, er willigt ein. Die Sendung mit ihm ist in der Tat eine Sternstunde der Weisheit und der Menschlichkeit. Es sind Gedanken zur Nacht, die das Herz öffnen und die Grenzen der Wahrnehmung erweitern. Er spricht vom Auftrag des Lebens, von Gott und der Welt, vom Zufall, an den er nicht glaubt: »Ich kann's nicht beweisen und will es auch nicht. Wozu auch? Hinter jedem Geheimnis liegt schon das nächste Geheimnis.«

Eine Idee wird geboren! Wie ein Blitz ist sie in mich gefahren, nicht mehr bereit, sich hinauswerfen zu lassen. Viele Bücher hat er geschrieben – an die 40! – und doch ist mir, als fehlte noch eines: eine Bilanz seines Lebens, das Fazit dessen, was war. Gespräche sollten es sein, mit ihm, einem Meister seines Wesens, einem Weisen, der mit dem Herzen sieht und beschreibt.

Phase der Zweifel. Ob er noch schreiben will? Ob er's noch kann? Warum ausgerechnet mit mir? Andererseits: warum nicht mit mir?

Stille erst, langes Schweigen. Endlich: »Gott ja, man könnte es machen. Das ist etwas anderes als bisher.«

Gespräche am Nachmittag begannen, mit duftendem

Tee und selbstgebackenen Köstlichkeiten, von September 1992 bis April 1993. Bei Sonne, Regen und Schnee, die Magnolie vor dem kleinen Fenster trägt am 4. Dezember weiße Häubchen auf den Ästen. »Heute ist Barbaratag«, lächelt mir Wladimir Lindenberg aus seinen rosa Kopfkissen entgegen, »da schneidet man Zweige, die zum Heiligen Abend aufblühen. Nehmen sie sich bitte einige mit.«

Wie gerne ich das tat, und wieviel mehr ich von jedem Gespräch mit nach Hause nahm an Freude, Erkenntnis, Liebe und Geborgenheit. Gedanken der Harmonie und der Einheit, die sich ausdehnen in die Welten des Geistes, verwoben mit den Alltäglichkeiten des Hierseins. Das Leben annehmen und bestehen, in Verbindung und Vertrauen zu den geistigen Räumen in uns selbst.

Wladimir Lindenberg beschreibt in »Das Leben betrachten« Wege der Entwicklung, enthüllt Fallen, die wir uns durch Trägheit und Unverstand selber stellen, um nicht »kapieren« zu müssen. Er tut es in Bescheidenheit und ohne Eile, ohne Zeigefinger, mit der gebotenen Strenge und Gelassenheit des Eingeweihten.

Ich danke ihm für seine unendliche Geduld auf mein Fragen nach Wieso und Warum. Sanft sein Verständnis: »Manche Menschen fragen zuviel, und was fangen sie mit den Antworten an?«

Ich danke ihm für seine schlichte Würde, »ich weiß nicht« zu sagen, für den Mut zu gestehen, wie wenig Einblicke uns wirklich gewährt sind in die großen Zusammenhänge des Kosmos. »Je leichter wir über ›diese Dinge‹ schweigen, desto reifer sind wir«, sagt er, und ich bin froh, daß auch Weisheitsregeln ihre goldenen Ausnahmen haben.

Wäre es anders, hätte der Weise geschwiegen, würde dieses Buch nicht entstanden sein.

September 1993   *Christine Rackuff*

Einstimmung

Ich möchte dieses letzte meiner Bücher, und hoffentlich ist es das wirklich, meinen vielgeliebten Lesern mit großer Herzlichkeit in die Hand geben.

Es heißt, Bücher haben ihre Schicksale, und das ist so. Man kennt den Weg nicht, den sie nehmen, nachdem der Autor sie aus seiner Obhut entlassen hat. Man weiß nicht, wieviel Gewinn sie dem Leser bringen, ob er mit ihnen noch wächst und reift oder sie entrüstet zur Seite legt.

Ich habe, wie immer, zu danken.

Mein Dank gilt Christine Rackuff, die auf die Idee kam, dieses Buch zu schreiben, und mich dazu verführte, nachdem wir miteinander Rundfunksendungen gemacht haben. Da diese Idee anders und neu war, ließ ich mich sehr schnell dafür gewinnen, zumal ich das Manuskript weder tippen noch mit der Hand schreiben mußte. Wir führten Gespräche, die auf Tonband aufgezeichnet wurden.

Das Buch »Das Leben betrachten« wurde unter besonderen Gesichtspunkten konzipiert: Es ist weniger eine Biographie, eine Anhäufung tragischer und komischer Geschehnisse, als vielmehr der Blick eines uralten Menschen ohne irdische Zukunft auf die Dinge, die ihm begegnet sind, die er erlebt hat.

Es ist eine Rückschau, ein gedankliches Resümee über die Welt, in der ich jetzt 91 Jahre liebend gelebt habe.

In meiner Situation als Gelähmter und Kranker, als Greis, waren diese Monate der Zusammenarbeit eine ungeheuer große Freude und Genugtuung für mich, und ich wünsche mir, daß diese Freude auch meine Leser erreicht.

Ich habe viele Bücher geschrieben, und mindestens bei den letzten zehn habe ich immer wieder Abschied von meinen Lesern genommen, weil ich dachte, ich sei schon viel zu alt.

Es ist eine Kette von Abschieden geworden, und vielleicht setzt »Das Leben betrachten« nun tatsächlich den Schlußpunkt.

September 1993   *Wladimir Lindenberg*

Meine Vorfahren und ich

Meine Lebensbetrachtung beginnt mit meinem Stammbaum, denn als einzelner sind wir immer nur ein Teil des Ganzen. Das Blut unserer Vorfahren ist sicher sehr mächtig in uns und formt ganz entscheidend unser Verhalten und damit unser Leben.

Meine Ahnenlinie, die mit dem Namen Tschelischtschew verbunden ist, reicht zurück bis zum Jahr 1237. Damals kam Wilhelm von Lüneburg, Enkel des Herzogs Heinrich der Löwe, mit seinem Sohn Karl nach Rußland. Wilhelm war auch Enkel der Königin Helene von Dänemark und von Waldemar dem Tapferen, König von Dänemark.

Beim Übertritt zum russisch-orthodoxen Christentum bekam Karl den Taufnamen Andrej und erhielt den Beinamen Tchelo. Nachdem er mit seinem Vater Wilhelm und dem Großfürsten Alexander Newski gegen den Deutschen Ritterorden gekämpft und an den Schlachten im Baltikum teilgenommen hatte, wurde er von Newski mit dem Titel des Bojaren ausgezeichnet. Er bekam eine Stadt und ein Gebiet als Lehen und wurde somit Begründer des Bojaren-Geschlechts der Tschelischtschews.

Seit der Zeit lebten die Tschelischtschews als russische Familie in verschiedenen Gebieten. Sie waren immer Bojaren und bekleideten die Posten von Botschaftern, Mundschenken und Juristen bei Hofe. Das bedeutet, daß meine Familie 700 Jahre im Dienst des Thrones stand.

Mein Vater Alexander Tschelischtschew-Krassnosselski war Komponist und großer Freund von Rachmaninoff. Meine Mutter wurde in Petersburg erzogen, ihr Vater war juristischer Staatsrat beim Justizminister Graf Murawjow-Apostol. Sie heiratete Alexander ohne Erlaubnis der Mutter, was damals nicht üblich war, und entzweite sich dadurch mit Mutter und Großmutter. Die Ehe wurde annulliert, weil die Tochter erst $16^1/_2$ Jahre alt war und noch nicht volljährig. Um ihrer Mutter zu entkommen, heiratete sie sehr bald den jungen Deutschen Karl Lindenberg, einen Patriziersohn und Industriellen aus Remscheid, der erfolgreich und reich war. Die Ehe wurde jedoch sehr unglücklich.

Am 16. Mai 1902 kam ich in Moskau zur Welt und wuchs etwas außerhalb in dem Dorf Girejewo auf.

Ich hatte eine Schwester, Wera, aus der Lindenberg-Ehe und später noch einen Bruder, Pawlik. Ich war der einzige Nachkomme der Linie Tschelischtschew-Krassnosselski und Stiefkind von Karl Lindenberg. Aber wir wuchsen zusammen auf, und es wurde niemals irgendein Unterschied gemacht zwischen mir, meiner Schwester und dem zehn Jahre jüngeren Bruder.

Vor Karl Lindenberg hatten wir alle Angst, auch die Mama und im Grunde jeder. Wenn er nach Hause kam, schrie er, und ich habe erst sehr viel später begriffen, daß der Grund die typisch russische Bohemewirtschaft war, die bei uns herrschte. Mama konnte zwar sechs oder sieben Sprachen und spielte Klavier à la perfection, aber den Haushalt führen, das konnte sie nicht. Lindenberg, der als Deutscher an Ordnung gewöhnt war, ärgerte sich furchtbar darüber. 1914 ließen sich die beiden nach zwölfjähriger Ehe scheiden, weil sie sich entfremdet hatten. Bei einem Konzert, das Onkel Iwan veranstaltete, traf Mama meinen Vater Sascha Tschelischtschew nach langen Jahren der Trennung wieder und heiratete ihn erneut.

Im März 1917 brach die Revolution in Rußland aus. Am Anfang erlebten wir sie voller Begeisterung, weil wir glaubten, endlich höre die Diktatur der Polizei und der Sicherheitsorgane auf, und es gäbe Freiheit und Brüderlichkeit. Ich weiß noch, wie wir in Moskau bei Demonstrationen in Sechserreihen Arm in Arm marschierten.

Eine alte Frau, die an Krücken ging, sagte zu mir: »Mein Söhnchen, was ist denn hier los, warum freut ihr euch so?« – »Weil Zar Nikolaus II. gestürzt wurde«, rief ich. »Ihr Blöden, glaubt ihr denn, nun wird es besser? Paß mal auf, es kommt alles noch schlimmer. Wir haben in Rußland über 1000 Jahre unter den Zaren gelebt und jetzt plötzlich das. Du wirst noch sehen, was es bedeutet, wenn der Stiefel oben und der Kopf unten ist.«

Ich war empört, daß sie so etwas sagte, aber natürlich hat sie recht behalten. In unserem Park begann der Mob die Bäume abzusägen, und ein Bauer hat sich das Klavier genommen, für seine Tochter, die musikalisch war. Da es nicht durch die Tür paßte, sägte er es in zwei Hälften und nahm den Teil mit den Tasten mit. Sie stahlen, was sie konnten.

Wir verließen unser Haus und zogen zu meiner Großmutter nach Moskau. Kurz darauf brach die bolschewistische Oktober-Revolution aus. Mit einigen jungen Leutnants hatten wir Barrikaden aus alten Möbeln auf den Straßen errichtet, waren mit ein paar Pistolen bewaffnet und warteten so auf die Verteidigung. Am dritten Tag rasten die Lastwagen mit den Rotarmisten durch die Straßen und schossen. Ich bekam einen Schuß in die Achillesferse und fiel nun aus. Dann haben sie ganz schnell, in drei bis vier Tagen, gesiegt. Bei den Haussuchungen wurde mein verwundetes Bein entdeckt und auch die Pistole. Ich landete im Gefängnis.

Die meisten Gefangenen waren im Keller untergebracht, es war grauenvoll dort. Zuerst kam ich vor ein Tribunal, mit rotem Tuch bedeckter Tisch und rote Fahnen überall. »Du hast geschossen!« Was sollte ich sagen, ja, ich hatte geschossen, ich war ja auch verwundet. »Abführen!« Laufend wurden so die Leute abgeurteilt. Im Keller lagen wir auf kaltem Steinboden und mußten die Schüsse der Hinrichtungen mitanhören. Es war schrecklich, keiner sah den anderen an, niemand sprach, alle warteten auf ihren Tod. Und einmal am Tag wurde eine Waschschüssel mit Schtschi gebracht, in der etwas Kohl im Wasser schwamm.

Ein gütiges Schicksal in Gestalt meines früheren Kutschers Alexander rettete mich vor dem sicheren Tode durch Erschießen. Er ließ mich unbehelligt entkommen. Vor dem Haus meiner Großmutter standen inzwischen überall Soldaten, und einer fragte mich: »Was willst du, Kleiner?« »Ich suche meine Großmutter!« Da sagte er: »Alle, die hier mal gewohnt haben, sind längst evakuiert, hier regiert jetzt der Proletkult (damal. russ. Kulturverwaltung. Anm d. Verf.) Aber du hast wohl Hunger?« »Ja.« Da nahm er sein Brot, riß ein Stück ab und gab es mir.

Etwas weiter stand ein Bauer in einem Schafspelz und gab mir irgendwelche Zeichen. Ich erkannte Nikifor, den Hausmeister meiner Großmutter. Er nahm mich sofort mit. Wir kamen in ein Haus, in dem entsetzliche Zustände herrschten. Jeder Raum voller Menschen und alle hungrig. Überall Ratten, auf den Ikonen und unterm Bett, es war grauenhaft.

Eines Tages stand ich mit Nikifor auf der Straße, unten auf dem Ulanski-Prospekt, da kommt ein Soldat mit einem Zettelchen auf uns zu und fragt: »Wißt ihr, wo hier Wladimir Tschelischtschew lebt?« Ich wollte sagen, ›ja, ja ich bin es‹, aber Nikifor trat blitzschnell auf meinen Fuß: »Hier gibt es keinen solchen Mann, ich lebe hier schon 40 Jahre, habe noch nie den Namen gehört.« Damit wußte ich, daß ich gesucht wurde. Noch am selben Tag brachte er mich bei einem alten General unter, der am Stadtrand von Moskau Zeitungen verkaufte. Da würde man mich nicht so schnell finden.

In der Zwischenzeit war Lindenberg aus der Kriegsgefangenschaft in der kirgisischen Steppe an der Wolga zurückgekehrt und hatte sogar Säcke von Mehl und Grütze und andere Sachen mitgebracht. Er wollte nach Deutschland, denn sein Unternehmen war beschlagnahmt, und er besorgte sich gleich die nötigen Papiere.

Meine Mutter fragte ihn: »Kannst du Wolodja mitnehmen, sie suchen ihn.« Lindenberg ging mit mir zum Grafen Mirbach, dem Botschafter, und der fragte nicht lange, nahm ein Formular »Rückführung in die Heimat« oder so was ähnliches, und schrieb Waldemar Ernst Lindenberg hinein. »Er heißt aber nicht Ernst«, sagte mein Stiefvater zu ihm. »Sie sind doch Deutscher und wissen, daß man in Deutschland oft zwei Namen hat.« Er stellte mir also Papiere auf den Namen Waldemar Ernst Lindenberg aus, unter der Nummer 1317, die mich dann seltsamerweise mein ganzes Leben begleitete. Im Theater oder im Zug hatte ich meist Sitzplätze mit 13 oder 17, das war schon merkwürdig.

Mir war klar, daß ich aus Rußland raus mußte, um zu überleben. Dennoch wollte ich absolut nicht, aber Mama und Njanja haben mich überredet. In den verdreckten Viehwaggons eines Güterzuges waren wir auf Umwegen drei Wochen lang unterwegs, bis wir schließlich erschöpft und am Ende unserer Kräfte in Deutschland eintrafen. Der Beginn dort war für mich fast wie der Tod. Es war ein fremdes Volk, eine fremde Sprache, wenn ich etwas falsch sagte, wurde ich ausgelacht, und darüber war ich sehr verletzt. Ich war damals 16 Jahre alt und blieb lange sehr einsam, obwohl meine Mitschüler sehr herzlich zu mir waren und versuchten, mir mein Schicksal zu erleichtern.

Dann machte ich das Abitur, ging zum Studium nach Bonn, und langsam begann ich mich in Deutschland einzugewöhnen. Der Kontakt zu Lindenberg war nur noch sehr locker. Meine Schwester Wera blieb bei ihm und hat dann dort geheiratet.

Der kleine Bruder und meine Mama kamen auf schrecklichen Umwegen nach Deutschland. Sie fand in einer alten Hutschachtel einen Ausweis auf den Namen Lindenberg, mit dem sie Ausreisepapiere bekommen hat. Aber sie kam nicht sehr weit, mit ihrem Karren mußte sie durch Sümpfe fahren, ist fast darin versunken;

es waren entsetzliche Erlebnisse. Lindenberg sagte oft zu uns, sie sei bestimmt schon tot, längst verhungert, aber das stimmte nicht. Er hatte uns ihre Briefe unterschlagen, wir haben sie nie gesehen.

Eines Tages stand sie vor uns, und es war schon ein unglaubliches Erlebnis, daß sie wieder da war. Kurz danach begann ich mein Studium in Bonn.

Dann kam die Nazizeit, die für mich gespenstisch war. Alles, was ich in Rußland erlebt hatte, mit all dem Schrecken und der Brutalität und Unmenschlichkeit, wiederholte sich wie in einem Spiegelbild in Deutschland. Ich hatte einen schrecklichen Haß auf Hitler und nahm kein Blatt vor den Mund. Als Arzt erkannte ich die große Not, die viele Menschen während der Nazizeit krank machte, und ich konnte mit ihnen darüber sprechen.

Ich hatte zwei wunderbare Freunde, denen ich regelmäßig schrieb. Der eine war Sven Hedin, der Asienforscher, Schwede und bei Nobel als Lehrer angestellt. Ihn kannte ich noch aus Moskau, und ich verehrte ihn sehr. Der andere war der Bruder meiner Mutter, Onkel Paul, der als junger Mensch von 16 Jahren während der Revolution eingekerkert und zum Tode verurteilt wurde. Er kam jedoch später in die Verbannung nach Sibirien. Unter abenteuerlichen Umständen gelang ihm die Flucht. Eines Tages tauchte er bei meiner Großmutter in Moskau auf und schaffte es, mit ihrer Hilfe nach Paris zu entkommen. Dort wurde er einer der ersten Flieger bei Louis Blériot, dem Begründer der französischen Flugzeugindustrie.

Mit Onkel Paul hatte ich eine ebenso enge Verbindung wie mit Sven Hedin, beiden vertraute ich in vielen Briefen meine Gedanken und Erlebnisse im Nazi-Deutschland an.

Hedin habe ich ganz offen gefragt: »Was ist das, Sie gehen zu Stalin, Sie gehen zu Hitler, sind Sie Bolschewist?« – »Nein«, antwortete er mir, »bin ich nicht, aber die Zeit ist bolschewistisch und nationalsozialistisch. Wo man hinsieht, tauchen irgendwelche politischen Abenteurer auf, die die Menschen in Not und Elend stürzen.« Ich schrieb ihm regelmäßig, was in meinem Leben geschah, wer verhaftet worden war und wer gehenkt, und ich ahnte nicht, daß die Briefe geöffnet und gelesen wurden.

Ein Polizeikommissar, dessen Tochter ich wegen Epilepsie behandelte, kam eines Tages zu mir und fragte mich, warum ich in diesen Zeiten noch hier sei: »Sie wissen doch, daß sie gefährdet sind, gehen sie doch nach Frankreich oder nach England.« – »Lieber Mann«, sagte ich zu ihm, »ich habe eine Emigration mitgemacht, die mich seelisch fast umgebracht hat. Jetzt kann passieren, was will, ich stelle mich dem Schicksal und bleibe.« Einige Tage später kam noch ein anderer Kommissar, und wir hatten fast das gleiche Gespräch.

Die Folge war, daß man mich verhaftete, mich als Schädling des Volkes, wegen Zersetzung der Jugend und feindlicher Propaganda verurteilte und in das Konzentrationslager Neusustrum im Emsland brachte.

Während des Prozesses sah ich im Zuschauerraum viele bekannte Gesichter. Das machte mich todtraurig. Ich dachte, ›mein Gott, das sind doch meine Patienten, wie ist das möglich.‹ Dann kam jemand auf mich zu und sagte: »Wir alle sind gekommen, um Sie zu trösten und Ihnen zu zeigen, daß wir zu Ihnen stehen.« Das war wunderbar. Ich war sehr dankbar dafür, denn ich hatte gedacht, sie seien alle Nazis geworden und nun »kreuziget ihn!«

In Neusustrum habe ich viel Schreckliches und dennoch viel Gutes erlebt. Obwohl Elisabeth Prinzessin Isenburg nicht abgelassen hat, Gesuche zu schreiben, habe ich meine fünf Jahre in der Haft absitzen müssen.

Als ich im Herbst 1941 wieder in Freiheit war, ging ich zunächst in die pharmazeutische Industrie. Erst nach Kriegsende arbeitete ich im Waldkrankenhaus in Berlin-

Spandau, wo ich eine Hirnverletzten-Abteilung gründete und sie als Chefarzt leitete. Gelernt hatte ich zuvor bei Prof. Walter Poppelreuter in Bonn, dem sogenannten »Vater der Hirnverletzten«.

1942 heiratete ich Dolina Gräfin von Roedern. Sie war eine großartige Porträt-Bildhauerin und Pianistin, die ihre Kindheit und Jugend in England erlebt hat. Wir hatten eine sehr erfüllte, glückliche Ehe.

Es war eine entbehrungsreiche Zeit damals mit einem großen Mangel an Ärzten. Kaum jemand wollte Nervenarzt werden, und auch Frauenärzte waren rar, es gab keine Instrumente und nur äußerst dürftig ausgebildete Mediziner. Als die Hirnverletzten-Abteilung im Waldkrankenhaus geschlossen wurde, habe ich als Neurologe frei weiterpraktiziert. Das tue ich heute noch.

Der wesentlichste Einschnitt in meinen späten Jahren war der Beginn meiner Lähmung. Ich muß wohl so um die 85 gewesen sein. Damals hatte ich in Bayern ein zauberhaftes Bauernhaus, in dem ich meine Ferien verbrachte. Eines Tages merkte ich, daß ein Bein nicht mehr richtig wollte. Dann fing das zweite Bein an, und ich wußte, ›das ist eine Querschnittlähmung‹. Vorher hatte ich schon jahrelang Rückenschmerzen.

Trotz alledem habe ich in meiner Praxis weitergearbeitet und auch Bücher geschrieben. Dann wurde auch das Augenlicht schlechter. Inzwischen ist ein Auge blind und das andere nur sehr wenig besser. Außerdem bin ich schwerhörig. Was mich besonders schikaniert, sind die quälenden Schmerzen, die eine Querschnittlähmung begleiten, die Krämpfe in den gelähmten Beinen und die unwillkürlichen Entleerungen.

Der Kopf ist noch klar, alles andere ist kaputt. Aber wenn der Herrgott uns dazu verpflichtet, weiterzuleben kann man ja nicht einfach sagen, »mach deinen Dreck alleine«.

Wir müssen es annehmen.

1. KAPITEL

Mein Leben damals und heute

Viele Menschen, die mir begegnen und meine Bücher gelesen haben, sagen mir, sie beneideten mich um meine »goldene Jugend«. Ich sehe sie dann leicht verwundert an und frage mich, wie golden war meine Jugend eigentlich? Außer goldenen Löffeln und Gabeln, die zu Tische kamen, war sie nicht so golden. Sie war ganz wesentlich von Angst geprägt. Angst auch vor den unsichtbaren Geistern; Rußland war ja voll von allen möglichen Wesen, von Heinzelmännchen und Trollen, von Elfen und Teufeln. Solange ich mich kenne, hatte ich Angst vor dem Teufel. Nicht vor dem großen mit seiner Großmutter, sondern vor den kleinen Teufeln, so wie ich.

Wenn ich in meinem Metallbett lag, in der Mitte des Zimmers, hatte ich das Gefühl, ein Teufel sitzt unter dem Bett, und die Njanja bekreuzigte sich, mich und auch das Bett. Ich hatte mir angewöhnt, mich mit meiner Decke rundherum einzuwickeln, damit er nicht so leicht an mich herankam, der Teufel. Es war eine wirkliche, eine tiefe Angst.

Haben Sie ihn denn wahrgenommen und gesehen?

Ich habe ihn nicht gesehen! Mein Gott, ein Bett quietscht nun mal, und schon habe ich gedacht, ›da ist er‹. Aber gesehen habe ich ihn nicht, er hat auch nicht gestunken und sich eigentlich sehr manierlich verhalten. Aber er machte mir Angst.

Der zweite, vor dem ich noch viel größere Angst hatte, war mein Stiefvater Karluscha. Genau genommen war er ein ganz doller Bursche, ein großartiger Techniker. Er stammte aus einer Industriellenfamilie, die seit dem

14. Jahrhundert Hammerschmieden hatte. Einem seiner Vettern gehörte das einzige Glockenstahlwerk weit und breit und dem anderen ein Walzwerk. So wie sie, galt auch Karluscha als reich und angesehen. Die Leute liebten ihn. Morgens war er der erste in der Fabrik, begrüßte die Arbeiter mit Handschlag und überblickte alles, Gutes und Böses. Wenn jemand sich ungeschickt benahm, ging er sofort hin und brachte es wieder in Ordnung. War Krankheit in der Familie eines Arbeiters, half er schnell und unkompliziert – sie haben ihn alle geliebt.

Aber zu Hause war er teuflisch. Das lag wohl daran, daß meine Mutter niemals gelernt hatte, den Haushalt zu leiten und mit Geld und Personal umzugehen. Dadurch herrschte bei uns eine richtige Zigeunerwirtschaft. Wir hatten einfach zu viele Dienstboten, und die machten, was sie wollten. Oft gab es Zank und Streit, und die Njanja hatte das zu schlichten.

Wenn Karluscha nach Hause kam und etwas nicht stimmte, merkte er das sofort und schrie. Er schimpfte und er schrie. Meist war nach einer halben Stunde seine Wut wieder verflogen und er hatte sich beruhigt, was ich damals nicht verstand. Denn sonst hätte ich mir ja sagen können »laß ihn doch«. Aber das konnte ich nicht.

Wenn er in Wut war, hatte ich das Gefühl, seine Wimpern würden ganz weiß, und die Augen strahlten wie Blitze. Ich hatte furchtbare Angst vor ihm. Nicht den ganzen Tag, natürlich nicht, aber wenn der Abend nahte und man das Geklingel seines Pferdes vernahm, schlich die Angst herein, in alle. Die Dienstboten liefen weg, bekreuzigten sich auf russische Art und dachten: ›Was passiert jetzt, wer ist dran?‹

Ihre Mutter auch?

Sie hatte auch Angst. Zwei Leute hatten keine, das war die Njanja und das war der Kutscher. Der war ein Riese und hatte keine Angst.

Andererseits habe ich von meinem Vater und von Karluscha gelernt, mit der Pflicht umzugehen. Das hat mir im Leben später sehr geholfen.

Mich hat die Angst vor Karluscha immer begleitet. Ich verlor die Sprache, wenn er mich etwas fragte, und da sein Russisch sehr gedrechselt und gebrochen war, verstand ich ihn oft nicht. Ich stotterte, konnte nicht antworten, und er schrie mich an.

Andererseits habe ich von meinem Vater und von Karluscha gelernt, mit der Pflicht umzugehen. Beide waren sehr pünktlich und wehe, wenn ich einmal zu spät kam! Jegliche Pflicht nahmen sie sehr ernst, und auch ich hatte meine Schulaufgaben oder irgendeinen anderen Auftrag gewissenhaft auszuführen. Das hat mir im Leben später sehr geholfen.

Ich hatte auch Angst vor einigen Lehrern und vor den größeren Schülern. In einem Zweikampf mit ihnen hätte ich niemals die Oberhand gehabt, da ich schmal war, sehr dünn und nicht sehr kräftig. Also, ich hatte immer mit der Angst zu tun, bis ich sie dann irgendwann später überwand.

Bevor ich nach Deutschland kam, stand ich wie gesagt gegen die Bolschewisten auf den Barrikaden und wurde verwundet. Man warf mich ins Gefängnis, ich stand vor der Erschießung, und wie so oft rettete mich ein gütiges Schicksal. Es erschien in Gestalt meines Kutschers Alexander, der dort als Soldat Gefängnisdienst machte. Bis zum letzten Moment hatte ich das Gefühl, er würde mich erschießen. Er holte mich wie zur Exekution aus dem Keller, faßte mich scharf am Hals und schob mich in den Hof, in dem viele nackte Leichen lagen. »Lauf«, sagte er, und dann schoß er. Ich lief zum Tor und dachte, ich bin erschossen. Denn ich hatte mal gehört, daß es Tote gibt, die nicht wissen, daß sie tot sind, und noch herumlaufen.

Das Tor ließ sich tatsächlich öffnen. Noch ein Schritt und ich war draußen. Erst viel später erkannte ich, daß er mich nicht töten wollte und bewußt daneben geschossen hat. Aber für dieses Begreifen, für die Freude am geschenkten Leben war damals zu wenig Raum in mir. Das gesamte Dasein während der Revolution mit all den Schießereien und dem Schrecklichen ließ mir dazu keine Zeit.

Ich verließ Rußland und ging nach Deutschland, um zu studieren. Doch ich litt schrecklich darunter, so weit von der Heimat entfernt zu sein, so weit weg von meiner Mutter und der Njanja, in einem völlig fremden Land.

Hier lebte eine ungewöhnlich energische Tante von uns, die Frau von Richard Lindenberg. Ich trank mit ihr Kaffee, und sie erklärte mir: »Ich will dir was sagen, du bist jetzt bei uns in Deutschland und mußt deine Flausen mit dem Wolodja und mit deiner Vergangenheit begraben. Du gehörst jetzt in unsere Familie, und die ist auch nicht schlechter. Das mußt du mal lernen.« Ich war entsetzt und tief verwundet. Zu Hause fragte ich die Haushälterin, was eine Flause sei.

Während meines Studiums in Bonn war ich unsagbar einsam. Ich begriff die Mentalität der deutschen Studenten nicht. Die meisten waren in Burschenschaften zusammengeschlossen, und manchmal luden sie mich ein, an ihren Abenden teilzunehmen. Ich ging auch hin und habe gesehen, wie geistlos viele dieser Menschen waren. Sie prahlten mit ihren Wunden, die sie sich beim Säbelfechten beigebracht hatten, betranken sich und waren dann seelenlos und roh zueinander. Das stieß mich alles sehr ab. Ich suchte mehr und mehr nach verständnisvollen, warmherzigen Menschen und fragte »Leute, wo gibt es denn hier Starzen?« Man lachte mich aus und fragte: »Was ist denn das?« Ich erklärte ihnen, daß es heilige Männer sind, die über Land gehen und für andere beten. – »Haben wir nicht!«

Es gab noch eine andere Tante, die sich sehr um meine Schwester und mich kümmerte; das war Tante Lucie. Bei ihr fanden wir Zuflucht und Trost. Auch mein Mathematiklehrer hat sich in wunderbarer Weise meiner angenommen. Als er merkte, daß ich von Mathematik nichts verstand, erbot er sich, mir Nachhilfestunden zu geben, wodurch ich ein bißchen besser wurde. Er war aus der Jugendbewegung und lud mich öfter ein, an seinen Wanderungen teilzunehmen. Sie waren herrlich und sind mir unvergeßlich.

Manchmal kehrten wir in den Bergen von Remscheid in ein Sommerlokal ein. Es lag mitten im Wald und hieß ›Die Grüne‹. Die Wirtin hieß Alwine und war zu meiner Schwester und mir wirklich wie die Njanja: Sie verwöhnte uns mit Kuchen, umarmte uns und war von einer Liebe und Nettigkeit, die nicht auszudenken war. Sie ersetzte praktisch alle, die mir aus Rußland fehlten. Ich ging sehr oft alleine oder mit anderen hin, um sie zu besuchen. Das war jedes Mal ein Lichtblick.

Eines Tages traf ich in der Bahn zwei ältere Damen, die mich freundlich anlächelten. Schließlich sagte die eine: »Sind Sie der Knabe, der mit seiner Mutter bei Königin Carmen Sylva in Schloß Segenhaus war?« »Ja«, sag ich. Sie sei die Baronin Loe und die andere die berühmte Musikerin Ella von Adajewska. Daraus entstand eine große Freundschaft. An vielen Wochenenden fuhr ich mit meinem Motorroller zu ihr und fand dort eine Heimat. Nicht nur Heimat, sondern auch Erziehung; als junger Mensch ist man doch leicht zu übertreiben geneigt, und dann sagte sie mir: »Denke bitte, du wärest ganz unwichtig! Dann wird es dir besser gehen.« Das habe ich von ihr gelernt, und es hat mir gegen Hochmut, Einbildung und Hochnäsigkeit sehr geholfen.

Mit 24 Jahren wurde ich Arzt und war sehr beliebt bei den Armen. Ich lernte bei Prof. Walter Poppelreuter, den man den Vater der Hirnverletzten nannte, weil er die Betreuung Hirngeschädigter überhaupt ins Leben gerufen hat. Erst war ich Assistent bei ihm, dann Oberarzt. Er war ein schwieriger Mann, und doch ein großartiger Arzt, der sich für seine Patienten aufopferte. Man konnte mit ihm offen sprechen. Das heißt, anfangs war er es nicht gewöhnt, und das war gut, so konnte ich ihn meinerseits erziehen – ein bißchen.

Aus jeder Begebenheit meines Lebens habe ich wichtige Erfahrungen für mich schöpfen können, selbst das Konzentrationslager, in das mich die Nazis brachten, war eine Schule für mich, eine Schule der Bewährung. Sie lehrte mich, zu erdulden, nicht den Mut zu verlieren und durchzuhalten, und das hat mich geprägt.

Mein ganzes Leben habe ich den Kranken gewidmet, hauptsächlich den armen Kranken. Wir hatten ein wunderbares Verhältnis zueinander; sie brachten mir großes Vertrauen entgegen, und das half beiden Seiten. So entstanden in meinem Leben gute, tiefe Freundschaften. Erst in Deutschland, und später in der ganzen Welt.

Sie sind viel gereist?

Wann immer ich konnte, bin ich gereist. Ich war fast zwei Jahre Schiffsarzt auf einem Handelsschiff. In dieser Zeit habe ich die Welt meist nur aus der Hafenperspektive gesehen, in Ägypten, in China oder in Indien. Einmal in Djakarta bin ich an Land gegangen und traf einen Russen, der ein Yogi war, ein Weiser, der auf einem Berge lebte. Er war ein alter Mann mit einem weißen Bart und gütigen Augen, und seine Freude, daß ein Russe ihn besuchte, war groß.

In einer Schale hatte er eine Menge bunter Gläser, vielleicht waren es zerbrochene Fensterscheiben. Einige reichte er mir und ließ mich hindurchsehen. Rot und grün und schwarz und blau – jedesmal sah dieselbe Landschaft ganz anders aus. Mal unsagbar lieblich und freundlich, manchmal wie bei Feuerschein, jedesmal anders, und er sagte: »Siehst du, so ist der Mensch. Wie er ist, so sieht er die Dinge. Sie sind weder rot noch blau noch grün. So wie sein Gemüt ist, so sieht das Leben für ihn aus. Und wenn sein Gemüt ihn nur rot sehen läßt oder nur schwarz, dann ist es für ihn so. Er brauchte allerdings nur umzudenken und könnte so die Lichter in sich selbst vertauschen.«

So sagt es auch Gustav Meyrink in seinem Buch »Das grüne Gesicht«. Erst wenn der Mensch die Lichter in sich vertauscht, erreicht er eine höhere Stufe. Auch das hat mich geprägt, diese sehr menschliche, sehr verantwortliche Art der Unterweisung und die Erkenntnis, daß ich nicht der Mittelpunkt bin, um den sich alles dreht. Das war die wichtigste Botschaft für mich, die ich mein Leben lang behalten habe und hoffentlich bis zuletzt behalten werde.

Später kaufte ich mir in Bayern ein zauberhaftes altes Bauernhaus und richtete es mit herrlichen Antiquitäten ein. Es war sehr beglückend. Dort habe ich viele Gäste bewirtet, die von überall kamen und zum Teil auch bei mir wohnten. Ich habe mit Vergnügen und Liebe gekocht und auch mit Erfolg. In Bayern habe ich auch sehr gerne gemalt.

Dort wurde ich 1986 lahm. Zuerst war es ein Bein, und ich dachte, es sei ein Schlaganfall. Tatsächlich war es eine Degeneration der Bandscheiben, die zusammengefallen oder zusammengewachsen sind. Seit dieser Zeit bin ich vom Nabel ab unbeweglich.

Es war eine sehr bittere Erfahrung, denn ich war gewohnt, alles selbst zu tun, außer staubsaugen. Ich wußte nun, daß ich Invalide wurde. Am schwersten fiel es mir, mich von anderen Menschen bedienen zu lassen; ich war ja nun auf kleinste Handreichungen angewiesen.

»Womit hast du das verdient?« fragte ich mich.

Man versucht ja immer, sich irgend etwas zurechtzulegen. Dann habe ich mir gedacht, ›der liebe Gott weiß, daß du sehr stolz bist, und vielleicht will er deinen Stolz brechen, um dir zu zeigen, daß du aus dir allein nicht leben kannst, sondern immer auch andere Menschen dazu brauchst‹.

Ich habe es angenommen und mir überlegt ›was machst du jetzt? Ein Leben im Bett ist doch kein Ziel‹. Als erstes beschloß ich, die Sprechstunde weiter zu führen. Nicht, daß sich dadurch mein Gesundheitszustand besserte, das durfte ich nicht erwarten, aber ich lernte, mit der Krankheit zu leben. Ich habe mich auf die Lähmung eingestellt und mir gesagt ›ich sehe einfach über die Krankheit hinweg und mache alles so gut ich kann‹. Das hat meinem Leben wieder eine Richtung gegeben.

Glücklicherweise gibt es in Berlin die Einrichtung des Telebusses. Im Rollstuhl sitze ich dann in dem großen Auto und ab geht's. So bin ich wenigstens leidlich mobil geblieben und kann gelegentlich zu Veranstaltungen oder Freunden gebracht werden. Damit hatte ich auch wieder die Möglichkeit, öffentliche Vorträge zu halten.

Inzwischen bin ich auf einem Auge blind, und das andere Auge ist, sagen wir, halb oder dreiviertel blind. Das bedeutet, daß ich meine Post, über die ich mich sehr freue, leider nur noch schwer lesen kann. Das Beantworten ist meist eine Tortur für mich, weil ich kaum noch sehe, was ich schreibe.

Im Laufe der Zeit habe ich mir diese Technik angewöhnt: Wenn eine Zeile zu Ende geht, achte ich auf den Raum zur nächsten. Den erkenne ich an der hellen Linie dazwischen. Darunter schreibe ich. Manchmal gelingt es ganz gut, oft auch nicht. Trotzdem versuche ich es immer wieder und, Gott sei Dank, man kann es noch lesen.

Ein Buch ist für mich eine Qual. Mit einer großen Lupe zu lesen, in der praktisch nur zwei Worte erscheinen, ist eine Mühsal, noch dazu im Bett. Die Hand, die das Buch hält, ermüdet, die andere, die die Lupe hält, zittert. Es ist sehr anstrengend, aber ich lese dennoch. Allerdings zu den Bedingungen, daß es keine großen Blätter sind und keine schweren Bücher.

Mich besuchen sehr viele Freunde und Menschen, die von überall kommen. Jeden Sonnabendmittag habe ich meine Tafelrunde, ich pflege sie seit Jahren. Dann koche ich für meine Gäste, meine Haushälterin Danuta hilft mir, und das macht auch ihr sehr viel Spaß. Wir denken uns die schönsten Speisen aus, zum Teil nach alten russischen Rezepten, und manchmal schöpfen wir aus der

Phantasie. Immer schmeckt es wunderbar bei guten Gesprächen.

Na ja, und so ist das Leben eigentlich heute genauso ausgefüllt wie früher. Obwohl noch dazu kommt: Es sind ja nicht nur die Lähmungen, es sind auch die Schmerzen, die zu ertragen sind. Gelegentlich staune ich, wieviel mir trotz alledem noch geblieben ist, und damit lebe ich nun bis zum Schluß.

Ich warte darauf, daß ich abberufen werde, dorthin, wo ich von körperlichen Dingen frei bin und nicht mehr leiden muß. Irgendwann wird das sein, und ich begrüße es sehr. Ich habe keine Angst davor. Angst habe ich überhaupt nicht. Das Angstvolle hat sich im Laufe der Jahre von selbst abgetragen.

Bis zum 75. Lebensjahr habe ich Yoga gemacht. Ich nehme an, daß der Körper dadurch eine viel größere Widerstandskraft bekommen hat. Es ist ja absolut ungewöhnlich, daß ein Mensch mit einer Querschnittlähmung, der täglich 3-4 Stunden im Rollstuhl sitzt und 20 Stunden im Bett liegt, keinen Decubitus, kein Wundliegen, bekommt. In den meisten Fällen passiert das sehr bald und ist schrecklich, weil es schmerzhaft ist und die Wunden nicht zuheilen. Ich bin zutiefst dankbar dafür, daß mir das erspart bleibt und führe es auf diese intensiven Übungen zurück, die Körper und Geist wohltuend beinflussen. Früher war ich sehr empfindlich mit Magen und Darm. Das verschwand auch, und so ist im Laufe der Zeit vieles durch die Beschäftigung mit Yoga gesünder geworden.

Sie haben Yoga sehr früh begonnen, schon als Kind?

Nein, da noch nicht. Es war so: Unser Haus war voller Gäste, die meine Mutter besuchten. Sven Hedin kam aus dem Kaukasus zu uns, Schriftsteller kamen, indische Yogis, Theosophen und Anthroposophen. Sie zeigten mir, wie man Yoga macht, und von da an habe ich es geübt.

Später als Student, so mit 18 Jahren, begann ich, mich bewußt und sehr systematisch damit zu befassen.

Haben Sie das während ihrer Studienzeit in Bonn auch getan?

Ich habe es von da ab immer gemacht.

Gibt es etwas, das Sie auch im Bett oder Rollstuhl praktizieren können?

Ich hab' es nicht nötig, wissen Sie, es ist wie mit einer Gewohnheit. Man drückt auf einen Knopf, und es ist da. Mit 70 habe ich aufgehört, täglich Kopfstand zu machen. Ob Meditation, ob Atemregulierung, Kriya-Übungen, man hat es gelernt und kann es, wenn man es braucht. Wenn ich große Schmerzen habe, benutze ich autogene Abläufe, die gut helfen. Ich schicke meine Gedanken zu der Stelle, und nach einer Weile vergehen die Schmerzen. Es gibt Tage mit weniger und Tage mit mehr Schmerzen. Ich spreche ganz normal mit ihnen und sage: »Ihr braucht nicht meine Dauergäste zu sein. Es genügt, daß ich lebenslänglich krank bin, also geht ruhig weg und kommt irgendwann mal wieder vorbei.« Sie gehen dann weg und kommen auch wieder, aber bis jetzt habe ich sie ertragen.

Mein ganzes Leben lang habe ich niemals irgendwelche Medikamente genommen, Massagen, Bäder oder Kuren gemacht, nie, und es ist auch nicht nötig. Ich denke, die Selbstregulierung durch Yoga und durch meditative Vorstellungen tut ihr Bestes.

Raten Sie das auch den Patienten, die zu Ihnen kommen und über Schmerzen klagen?

Nein, es gehört schon ein besonderer Grad von Disziplin oder Selbstdisziplin dazu, und das haben viele Leute nicht. Oder wenn, dann sind sie Feuer und Flamme, gehen ran und nach 3-5 Wochen ist es wieder vorbei, oder sie haben einen neuen Meister gefunden. Hierzulande ist man auf so etwas nicht vorbereitet. Es gibt sicher einige, die es können, aber auch solche, die großen Unfug damit treiben. Ich habe Menschen gesehen, die durch falsche und übertriebene Anwendung von Kriya Yoga geisteskrank wurden oder Schlaganfälle bekamen. Ich habe viel Mißbrauch gesehen, und deswegen bin ich ungewöhnlich vorsichtig, das zu empfehlen. Es sei denn, sie finden einen sehr vernünftigen und behutsamen Lehrer, dann vielleicht.

Eines darf man nicht vergessen. Ich bin in einem früher sehr religiösen Land und in einer religiösen Familie aufgewachsen. Meine Beziehung zu Gott und zu den Engeln ist eine starke, offene, fast kameradschaftliche. Es ist natürlich nicht so, daß ich ihnen sage »bitte macht mich gesund oder gebt mir das oder jenes«; allein der Draht dorthin hilft schon sehr.

Ich verlange nichts, ich bitte um nichts. Wenn es mir auferlegt ist, gehe ich hindurch, wenn nicht, bin ich dankbar. Die Verbindung zu den höheren Mächten, zu den guten Mächten, war von Kindesbeinen in mir, und sie ist geblieben. Immer und allezeit. Trotz KZ, trotz russischer Gefängnisse und allem Schweren, das ich erlebt habe, ist sie geblieben und ist für mich eine unendliche Quelle der Kraft.

2. KAPITEL

Natur, Mensch und Aberglaube

Ich bin ein milli-milli-millionstel Teil der Natur und im Vergleich zu ihr gar nichts. Die Natur ist allumfassend. Wir alle kommen ja aus der Natur und wissen wohl schon aus der Bibel, aus den sechs Tagen der Schöpfung, wie es gewesen sein kann. Erst dunkel und heiß, dann kamen die Meere und wurden vom Himmel getrennt, es gab Erde, und dann kam das Licht, »es werde Licht«. Dann begann die Zeit der Tiere, mit Gewürm und Fischen, mit Ammoniten und Dinosauriern, die wahrscheinlich plötzlich durch schwere klimatische Veränderungen umgekommen sind. So oder so sind wir alle, ist alles in der Natur miteinander verwandt.

Dafür gibt es interessante Beispiele. Es gibt Menschen, die mehr als zwei Brustwarzen haben. Die sind zwar nicht so entwickelt wie die normalen Brustwarzen, aber sie sind da. Als Arzt bekommt man sie immer wieder zu sehen. Es gibt Menschen, die zwischen den Fingern kleine Rest-Schwimmhäute haben, wie die Enten. Es gibt solche mit einer Hasenscharte, sie wurden damit geboren. Entwicklungsgeschichtlich mag es so sein, daß die verschiedenen Hüllen, aus denen sich der Mensch ausbildet, sich nicht weiter entfalten. Das sind offenbar Entwicklungsverschiebungen uralter Zeiten. Die Natur manifestiert sich immer in neuen, veränderten Formen.

Was drückt das aus?

Gar nichts drückt es aus, es geschieht einfach. Wir wissen nicht, woher es kommt. Ein Glück, daß wir das nicht alles wissen, es ist da, und es ist wahrzunehmen.

Das ist die eine Seite, die andere Seite, etwa bei den Ägyptern oder anderen hoch entwickelten Kulturen, zeigt uns Parallelen zwischen Mensch und Tier. Die Ägypter erkannten Tiere als Gottheiten an, den Stier, die Katze, Puma oder Schlange, den Drachen, die Eidechsen. Sie sahen es so, daß die vielen Zeitalter der Erde Epochen kannten, in denen eine Tierart vorherrschte und über andere dominierte. Betrachten wir unter diesem Aspekt die Dinosaurier mit ihrer ungeheuren Kraft, Wendigkeit und Flugfähigkeit und die Wölfe oder die Katzen.

Es mag sein, daß der Mensch als Endprodukt in dieser Kette diese Formverwandlungen miterlebt hat und in sich trägt. Von der Zeugung bis zum ausgetragenen Baby finden wir Parallelen zu anderen Tierformen in diesem Menschen zu dieser Zeit. Manche sehen aus wie kleine Elefanten. Andere sind neugeborenen Hunden ähnlich. Wenn man darauf mehr achtete, was man nicht tut, könnte man den roten Faden sehen, der in die ältesten Zeiten zurückführt. Man sieht als Arzt zum Beispiel auch die Schuppenflechte, die die Kranken wie mit einer Fischhaut überzieht. Man weiß, wie schwer sie zu behandeln ist, und versucht es dennoch. Aber wer macht sich schon Gedanken, wieso er aus einer zeitlich viel früher liegenden Existenz diese Schuppen als Krankheit bekommen hat? Die Antwort könnte die nahe Verwandtschaft sein, die alle Wesen miteinander verbindet.

Haben Sie als Arzt diesen Zusammenhang genutzt?

Ich habe darüber nachgedacht, sonst nichts. Ich habe keine klugen Bücher darüber geschrieben, ich habe es beobachtet. Immer wieder beobachtet, wo ich es konnte, und die Vorstellung entwickelt, daß wir alle eine riesige Bruderschaft des Lebendigen sind, die wie ein Wunder zu erleben ist.

Es sind Dinge, die mir zu denken geben und die meinen Gesichtskreis erweitern, auch im Hinblick auf ärztliche Behandlungen.

Es gibt noch etwas Interessantes und vielleicht Gewagteres. Ich kannte einen Chirurgen, der an die Wiedergeburt glaubte und die Ursachen von Muttermalen damit in Verbindung brachte. Er zeichnete und fotografierte sie und ging diesen Sachen nach. Durch Hypnose oder Halbhypnose schickte er seine Patienten in ihre unbewußte Erinnerung und fand heraus, daß dieser Mann oder jene Frau durch Stiche oder Schüsse getötet worden sein mußten. Immer entsprachen die Stellen der damaligen Wunden den heutigen Muttermalen. Er hat einige hundert Muttermale auf diese Weise untersucht und registriert. Das sind also Stigmata, Zeichen, die auf ein viel früheres dramatisches Geschehen mit tödlichem Ausgang hinweisen, das jedoch bis ins nächste Leben als Ausrufungszeichen fortbesteht.

Was ruft dieses Zeichen aus?

Es ruft aus, daß dieser Mensch etwas Bestimmtes erlebt hat, mehr erstmal nicht. Da kein Mensch sich mit diesen Sachen ernsthaft beschäftigt, ist es nur einfach da. Wenn man dem nachgeht, sagt uns das Zeichen ›hier, schau hin, das ist dein Ausgangspunkt‹. Es erweitert den inneren Blick, und langsam wird man feinfühliger im Begreifen dieser Dinge.

Wer das sieht und vertieft, der weiß mehr. Mehr vom Geschehen des Lebens und mehr vom anderen Menschen.

In der Magie, die ja immer verteufelt wird, behauptet man sogar, daß böse Menschen sich zum Beispiel in Katzen verwandeln oder in Schlangen. Ich weiß von einem sehr ernst zu nehmenden Mann, daß er so etwas erlebte. Es war Dr. Gérard Gervais, ein Arzt, der nach China ging, um dort zu praktizieren. Er kannte zwei richtige böse Klatschbasen. Eines Tages nun erschienen zwei schwarze Katzen in seinem Zimmer. Er mochte diese Tiere nicht, nahm einen Stock und schlug auf sie ein. Am nächsten Tag wurde er zu den beiden Frauen gerufen. Beide hatten schwere Schlagwunden auf dem Kopf. Dadurch wußte er, daß dieser Aberglaube mit den schwarzen Katzen und Schlangen nicht nur Aberglaube ist, sondern tatsächliches Ergebnis böser Gedanken, eines bösen Willens, aus dem Übles geboren wird.

Dieser Glaube an schwarze Katzen und Schlangen und Hasen, an Tiere, die das Böse versinnbildlichen, geht durch die ganze Welt. Die Menschen nennen das Aberglaube. Glaube ist Glaube und Aberglaube ist sozusagen ein darübergestülpter Glaube. Im Grunde besteht Aberglaube aus einer Welt von Symbolen und Zeichen.

... denen wir die Bedeutung geben?

Nein, sie sind da. Vielleicht geben wir die Bedeutung hinein, allerdings begegnen uns diese Dinge auch als Warnzeichen, oder sie sind Anzeichen für etwas, das man nicht von der Hand weisen sollte. Die Russen sind ein Volk, das stark durch Aberglaube geprägt ist. Auch die Kelten sind das, die Irländer, die Engländer, im Grunde sind es alle, auch die Deutschen, die das nicht wahrhaben wollen. Es sind immer Zeichen, die man beachten sollte.

Der größte russische Dichter, den wir je hatten, ist Alexander Puschkin. Er hat sehr boshafte Gedichte und Pamphlete auf den Zaren geschrieben und auf die Leute am Hofe. Das trug ihm die Verbannung ein. Puschkin gehörte, wie meine Verwandten, zu den Revolutionären, die die Monarchie beseitigen und eine Demokratie haben wollten. Da Puschkin nicht das Dorf verlassen durfte und sich langweilte, schrieb er die Märchen seiner Njanja auf.

Eines Tages bat er seinen Kutscher, ihn nach Petersburg zu fahren. Sehr früh am Morgen ging die Tür auf, und ein Priester trat ein. Ein Priester ist in der Symbolsprache des Aberglaubens ein schlechtes Zeichen. Und das ging so weiter: Als er später im Schlitten saß, lief ihm eine schwarze Katze von links nach rechts über den Weg. Der Kutscher rief: »Herr, wir sollten umkehren«, Puschkin ignorierte das und fuhr weiter. Dann lief ein Hase von einer Seite auf die andere und schließlich eine alte Frau. Das war zuviel für den Kutscher. Er wendete und fuhr Puschkin zurück. Man schrieb den 14. Dezember 1825, den Tag, an dem die Dekabristen, die Verschwörer in Petersburg, die Revolution ausriefen. Ein Teil von ihnen wurde gehenkt, die meisten sind nach Sibirien in die schrecklichsten Lebensumstände verbannt worden. Puschkin aber blieb am Leben.

Das stammt alles aus einer Zeit, in der der Mensch weniger logisch dachte, sondern emotional wahrnahm. Er sah auch Geister, Trolle und Zwerge, die ihm halfen, und er hörte die Bäume und Tiere reden. Es war eine Zeit, in der es diese Verständigung gab. Das sind Dinge, die geblieben sind, und bei manchen primitiven oder archaischen Völkern sind sie noch immer spürbar. Andere haben es verloren und sind trotzdem abergläubisch geblieben.

Die Russen wollen ihren Aberglauben behalten. Der ist für sie eine Hilfe im Leben und ein Zeichen vor Gefahren. Bei den schwarzen Völkern ist es genauso. Ich habe eineinhalb Jahre in Kamerun gelebt. Eines Abends wurde mein Assistent sehr unruhig. Sein Gefühl sagte ihm, seine Mutter liege im Sterben. Die Mutter wohnte 800 km entfernt. »Hast du Nachricht?« fragte ich, »Nein.« Er wußte es, weil er es fühlte, und wirklich, seine Mutter war an diesem Abend gestorben.

Telepathie?

Wie man es nennen mag. Telepathie ist sicher ein Wort dafür. Es ist eine Verbindung zum anderen da. Es gibt

Ohne daß er es weiß, wird jeder Mensch zu den wichtigen
Stationen und Dingen seines Lebens hingeführt, oder die Dinge
werden an ihn herangeführt. Es ist die Frage, ob er es begreift
oder nicht, ob er es annimmt, ob er davon reicher und fröhlicher
wird oder nicht.

Clans, die ihre Toten unter ihrem Fußboden vergraben. Sie stehen mit ihnen in Verbindung, werden von ihnen geschützt und gewarnt. Es gibt viele Hellseher, Hellhörer, Hellfühler. Das alles stimmt immer dann, wenn der Mensch in seinem Herzen und seinem ganzen Sein mit den Elementen der Erde verbunden ist. Bei uns in der Stadt, wo wir vor lauter Beton kaum noch die Erde sehen, ist das schwerer, wir können ja nicht einmal mehr zehn Sterne am Himmel erkennen.

Ich hatte einen wunderbaren Freund, einen Heiligen, Jesuitenpater Gebhard Graf Stillfried. Er hat in der Rankestraße in Berlin die »Offene Tür Berlin« gegründet. Dort empfing er die Menschen, die mit ihm sprechen oder ihm beichten wollten. Wir gingen des öfteren durch den Wald, er war Jäger, und ihn zu begleiten war ein unsagbar schönes Erlebnis. Für ihn lebte der ganze Wald, und der Wald erzählte ihm Geschichten.

Auch der heilige Franz von Assisi sprach mit den Tieren, und sie kamen alle. Es gibt diese wunderbaren Dinge. Hinzu kommt, daß die Erde ja nicht nur aus Menschen und Tieren besteht, sondern aus ungezählten Pflanzen. Viele Pflanzen haben Heilstoffe und Giftstoffe, und die Menschen von früher wußten, wofür dieses Kräutlein gut war oder jenes Blümchen. Es war kein Aberglaube, sondern Naturwissen. Sie bereiteten Wasserauszüge oder Extrakte, kochten, trockneten, und auf diesem alten Wissen basiert heute ein großer Teil der chemischen Heilmittel. Nicht alles ist Chemie, sehr viel schenken uns die Pflanzen mit ihren Heilkräften. Die heutige Pharmazeutische Industrie hat die Wirkung der Naturmedizin in vielen Fällen längst auch wissenschaftlich nachgewiesen, ihre Erzeugnisse daraus entwickelt und auf den Markt gebracht.

Im 16. Jahrhundert lebte und wirkte Paracelsus, einer der wunderbarsten Ärzte des Mittelalters und Naturphilosoph. Obwohl er die chemischen Arzneimittel in die Medizin einführte, glaubte er an die Selbsthilfe der Natur, deren Förderung er als die Hauptaufgabe des Arztes verstand. Er sah den Menschen als Abbild des Makrokosmos und betonte das Zusammenwirken von Leib und Seele.

Mehr als 250 Jahre später begründete Samuel Hahnemann die Homöopathie nach seinem Heilprinzip »Similia similibus curantur« oder »Ähnliches wird mit Ähnlichem geheilt«. Daraus entwickelte er die homöopathische Dosis, die zum Teil in extremer Verdünnung wirksam ist, woran bis heute die klassische Ärzteschaft nicht glaubt. Von diesen materialistischen Ärzten gibt es sogar Bestrebungen, das alles zu verbieten, weil sie es nicht kapieren.

Heutzutage hungern viele Menschen nach tiefer Berührung mit der Natur und wünschen sich, mehr von ihr zu verstehen, über sie zu lernen. Wie können wir diese Verbindung wieder vertiefen?

Gott, wissen Sie, jeder Mensch verfügt je nach Intellekt und Konstitution über ein Maß an Wissen und kann dieses Wissen mehr und mehr erweitern. Und jeder Mensch wird, ob er es glaubt oder nicht, von jenen Mächten geführt, von denen wir behaupten, daß sie nicht existierten. Das sind die Engel, auch die Teufel womöglich. Ohne daß er es weiß, wird jeder Mensch zu den wichtigen Stationen und Dingen seines Lebens hingeführt, oder die Dinge werden an ihn herangeführt. Es ist die Frage, ob er es begreift oder nicht, ob er es annimmt, ob er davon reicher und fröhlicher wird oder nicht. Die Möglichkeiten sind immer da, und sei es nur, daß er Pflanzen oder Phänomenen staunend begegnet und darüber nachsinnt. Menschen die darum wissen, erfahren, daß sie geführt werden. Das ist ein ungeheurer Trost.

In meiner Kindheit hatte ich ein solches Erlebnis. Damals bin ich mit meiner Schwester in die Wladimirskaja Chaussee gegangen, die uns streng verboten war, weil sie durch den Wald führte und es dort von Räubern, geflohenen Zuchthäuslern, Wölfen und Bären wimmelte. Da wir nichts vom Stand der Sonne verstanden, haben wir uns verlaufen. Plötzlich war da eine Taube, wir hörten sie und liefen hin. Sie hatte einen Flügel gebrochen. Wir legten sie in einen Korb, sie flog jedoch weg, wir hinterher und – wuppdich – waren wir am Ausgang der Chaussee. Die Taube hatte uns herausgeführt.

Ich schrieb diese Geschichte später nieder, weil sie zu Hause viel Ärger bereitet hatte. Wir hatten nämlich beichten müssen, daß wir auf der Wladimirskaja waren, und das war das Schlimmste, was es gab. Ich wollte aufschreiben, daß wohl ein Raubvogel dieser Taube den Flügel gebrochen hat, und mir fiel sein Name nicht ein. Am nächsten Tag kommt aus der DDR ein Brief, und ich sehe auf der Briefmarke genau den Vogel, dessen Namen ich nicht erinnern konnte. Ich meinte einen Sperber. Die Antwort kam 24 Stunden später, und ich war so dankbar, weil ich genau wußte, einer von denen oben, die man nicht sieht, hat mir das vermittelt. Mein ganzes Leben besteht aus solchen Vermittlungen. Wenn man es spürt und weiß, ist das Leben dadurch sehr leicht und einfach.

Dazu braucht man Vertrauen!

Vertrauen ist wieder etwas anderes. Ich weiß es! Ich weiß, daß es diese Vermittlungen gibt, und dann kommen sie auch. Ich habe einen Neffen, einen Russen, den Grafen Gendrikow. Er ist Arzt, und ich hatte ihn 10 Jahre nicht gesehen. In der Sprechstunde sagt meine Sekretärin: »Was mag wohl der Doktor Gendrikow machen?« Ich sage: »Ich weiß es nicht.« Nachmittags ruft er an und kommt zu mir. Immer ist es so, eins geht ins andere. Nur die Leute, die seelisch blind sind, merken nichts. Sie sehen nicht, sie spüren nicht und lachen darüber, weil sie dumm sind. Die anderen haben Säcke von Erlebnissen

dieser Art und wissen, was geschieht. Wenn man das Ge-
führtwerden spürt und darum weiß, bekommt man es
geschenkt, und das ist zutiefst beglückend.

Setzt das den Zufall außer Kraft?

Nein.

Gibt es ihn dann nicht mehr?

Natürlich gibt es ihn, allein das Wort ist doch schon geist-
reich genug. Zufallen! Es fällt auf dich zu. Der Zufall ist
kein Zufall, das ist es ja gerade. Der Zufall ist ein weiser
Begriff. Es fällt auf einen zu, und das Schicksal wird einem geschickt. Wenn die Leute in den Ursprung der
Worte gingen, wüßten sie es. Ich tue das, weil ich viele
Sprachen spreche. Da denke ich oft ›wo kommt das Wort
her, wo ist es zu Hause‹, und es ist dann eine Wonne,
seine Wurzeln zu entdecken, mitzuerleben, was Sprache
formt.

Wo liegen die Wurzeln des Begriffes Demut?
Auf der einen Seite steckt der Mut in diesem Wort, den-
noch meint es meist das Gegenteil.

Ich kann es nicht sagen, aber Demut ist ja heute nicht
mehr gefragt. Leider. Demut ist das, was mit dem Wort
Islam gemeint ist, die Unterwerfung unter den Willen eines anderen, eines Höheren, eines Geistigen. Demut ist
auch, sich nicht selbst hervorzuheben, sondern sich zu-
rückzunehmen. Das können die meisten nicht, und damit verwirken sie vieles für sich. Die Russen können es
noch.

Wir sprechen hier von Mensch und Natur als kosmischer
Einheit. Wie findet sich darin der in manchen Religionen
benutzte Begriff der Seelenwanderung, wonach eine

Menschenseele auch in ein Tier hineingehen kann. Sind diese Evolutionsebenen untereinander verknüpft?

Ich weiß es nicht, ich würde es keinem Tier wünschen. Kürzlich fragte mich jemand: »Was wäre, wenn dieser Hund oder diese Katze eines Tages ein Mensch würde?« »Um Gottes willen«, sagte ich, »der Mensch ist gegenüber den Tieren sehr benachteiligt.«

Trotz seines Verstandes?

Wegen seines Verstandes! Und wegen seines sogenannten freien Willens! Das alles sind Dinge, die er nicht zu handhaben weiß. Schauen Sie sich um in dieser Welt, einer schlägt den anderen tot, Menschen haben abscheuliche, irrsinnige Ideen gegeneinander, sie lügen, was das Zeug hält. Eine Katze lügt nicht, auch ein Hund lügt nicht.

Ich habe meinem Vetter in Moskau, der zweiter Vorsitzender der Adelsversammlung ist und mich nach einem möglichen Zaren fragte, vorgeschlagen, meinen Kater dafür zu nehmen. »Überleg doch mal«, habe ich ihm gesagt, »erstens lieben die Leute einen Kater sehr, und wenn der Kleine dann in seinem Hermelinmäntelchen die Treppe zum Thron hinaufsteigt, sich hinsetzt und anmutig den Kopf neigt, stell dir vor, wie schön das wäre. Er trinkt keinen Alkohol, ist ehrlich, was er denkt, das sagt er oder läßt es spüren. Großartig, wenn Rußland als erstes Land der Welt ein würdiges Tier zum Zaren machte.«

Er schrieb mir, wie sehr alle darüber gelacht haben. Es war aber nicht zum Lachen gemeint. Er hat nur das Lächerliche kapiert, die Idee, die dahinterstand, nicht, und die war ehrlich. Und dieses wunderbare Tier soll Mensch werden? Um Gottes willen, nein!

Sie würden es keinem Tier wünschen!

45

Auf keinen Fall! Tatsächlich weiß man über diese Art der Seelenwanderung nichts, und man sollte keine Spekulationen machen. Es ist die Überheblichkeit des Menschen, zu denken, ein Tier sei würdig, ein Mensch zu werden. Das ist Unsinn.

Sie sprachen von den Pflanzen, und ich möchte noch Steine hinzugeben und Erde und Wasser, die Elemente. Wir leben mit ihnen und haben uns gleichzeitig auch von ihnen entfernt. Wie gehen wir damit um?

Wir gehen so damit um, daß die Erde über kurz oder lang eine Wüste wird, eine vergiftete Wüste. Früher hat man Orte geheiligt, man spürte ihre Ausstrahlung, ging hin und verbeugte sich vor ihnen. Die Kelten hatten Quellen, die sie durch einen Eisenstab mit bunten Fähnchen kennzeichneten. Dadurch wußte man, daß es heilige Quellen sind, und sie wurden verehrt. Oft wurden früher Kirchen auf diesen Quellen gebaut.

Sie sprechen von Orten mit besonderer Ausstrahlung, was sagen Sie damit?

Ein Ort strahlt. Ich kann nur sagen, daß es so ist. Wenn jemand diese Strahlung nicht wahrnimmt, dann sagt er halt ›Quatsch‹.

Vielleicht nimmt er sie nicht als Strahlung wahr, sondern fühlt sich dort nur wohl.

Das ist ähnlich.

Ist es das gleiche?

Es ist gleich.

3. KAPITEL

In die eigene Mitte gehen

Konzentration heißt auf einen Punkt kommen, mit Ziel zum Zentrum, ins Zentrum hineingehen. Der Kunsthistoriker Hans Sedlmayr beschrieb in seinem großartigen Buch »Verlust der Mitte«, wie Mangel an Konzentration sich auf uns und unsere Welt auswirkt. Konzentration scheint heute weitgehend aus der Antenne unserer Seele verschwunden zu sein.

Weil zuviel von dieser Antenne aufgefangen wird?
Will die Konzentration uns wieder in unsere Mitte zurückführen?

Oder gar nicht erst aus unserer Mitte entlassen! Das Gegenteil ist Zerstreuung, Zerstreutheit, und bereits die Kinder sind davon erfaßt. Zum Teil, weil zuviel von allem angeboten wird, aber auch, weil weder Eltern noch Großeltern noch Schule sich um den Sinn der Konzentration kümmern. Das Ergebnis ist, daß Sie überall zerstreute Menschen treffen, und das ist im höchsten Maße unliebsam. Wenn Sie konzentrierte Menschen finden, dann haben Sie das Gefühl: Hier ist Ganzheit. Ein ganzer Mensch.
Es ist ein Unterschied, und man spürt ihn sofort.

Nun wüßte ich gerne, was uns dazu bringt, die Konzentration wegzugeben?

Man kann nichts weggeben, was man nicht hatte!
Wenn jemand konzentriert ist, dann gibt er das nicht weg.
Früher bekam man sie, es war ein Begriff, ein Streben

danach, ein konzentrierter Mensch zu sein. Das ist inzwischen aus der Mode, und die Richtungslosigkeit der Menschen ist wie ein Krebsgeschwür, unter dem die ganze Menschheit leidet.

Weil wir glauben, vielseitig sein zu müssen?

Wissen Sie, was komisch ist, vielleicht auch als Generationsthema? Sie fragen immer nach dem Grund, und ich sage nur die Tatsache. Ich nenne keinen Grund, weil der Grund mich gar nicht interessiert. Mich interessiert es, zu haben oder nicht zu haben, weil ich auf Fragen ›woher und wieso‹ keine Antwort bekomme. Es ist sehr komisch, heute wollen die Menschen in erster Linie wissen, warum dieses, warum jenes. Damit gehen sie weg vom Wesentlichen und merken es nicht. Und was tun sie schließlich, wenn sie die Antworten bekommen? Sie bleiben darin stecken.

Das heißt, wenn ich nach dem ›warum‹ frage, habe ich mich schon von der Sache entfernt?

Ich weiß nicht, ob das ›warum‹ wirklich nötig ist. Die Menschen verändern sich, die Welt verändert sich, die Sitten verändern sich, alles. Immer wieder. Warum das so ist, kann ich nicht sagen. Und vor allen Dingen liegt keine Lösung darin.

Ein großer Historiker sagte einmal: »Die Geschichte lehrt, daß wir Menschen aus der Geschichte nichts lernen.« Da hat er recht. Auch im Betrachten des Vergangenen, im Lernen, geht es um das Zentrum, um das Wesentliche, um die Konzentration, und dieser Begriff ist mit dem Wasser der Flüsse weggeflossen. Wenn man heute jemandem etwas über Konzentration sagt, wird man dumm angesehen und spürt, daß das Wort nicht ankommt. Weder sein Sinn, noch seine Bedeutung kommen an, weil es nicht mehr von innen erlebt wird.

Dabei ist es sehr wichtig, über Konzentration zu verfügen, um den Menschen nicht nur als Träger einer Körperlichkeit, eines Verdauungsapparates, einer Sprache, einer Gesinnung zu sehen, sondern als eine in sich fest geformte Ganzheit. Wo lernt man das heute? Wer kann es, und wer lebt es?

Der griechische Philosoph Pythagoras, der die Welt als Kosmos sah, hatte schon 530 v. Chr. die Idee, Schulen der Konzentration einzurichten. Es gab sie auch bei den Essenern in Ägypten und Palästina. Auch in den Priesterschulen der Babylonier, Ägypter, und bei den Assyrern lernten Schüler auf dem Wege einer Einweihung, ihren Willen kristallklar zu machen, ihre Konzentrationsfähigkeit zu einer Macht zu bilden. Wirklich zu einer Macht, denn ein konzentrierter Mensch ist unbesiegbar, weil er sein uneingeschränktes Selbst repräsentiert.

Hätten wir solche Schulen heute noch, würde ich erstmal alle Politiker hinschicken, damit sie lernen, ihre Reden selbst vorzubereiten und dann frei, ohne Papier vor dem Gesicht, zu sprechen. Ich habe mit etwa 40 Jahren angefangen, öffentlich zu sprechen und Vorträge zu halten, und ich habe mir gesagt, ›du nimmst kein Papier zur Hand, was du weißt, kannst du erzählen, wenn du es nicht weißt, halt die Schnauze.‹ Von da an habe ich vor dem Publikum ohne Papier, direkt von Mund zu Ohr, gesprochen. Und es ist etwas ganz anderes, Besonderes, die Geburt eines Gedankens zu erleben.

Gewiß, das alles sind Fragen der Konzentration und des Erlernens der Konzentration.

Eine Menschheit, ein Volk, muß wieder lernen, sich selbst mit der Welt und mit dem Göttlichen zu verbinden. Muß auch lernen, mit unserer Industrie verantwortlicher umzugehen, als es jetzt geschieht. In den vergangenen 50 Jahren hat sie nicht nur Segen, sondern auch großes Elend über die Welt gebracht, sie verschmutzt und verelendet. Die Gründe dafür liegen im Egoismus, in der Nicht-Konzentration auf das Wesentliche unseres Daseins. Die ungeheure Zunahme von Krankheiten wie Krebs und Aids ist ein sichtbares Zeichen dafür, was der Mensch durch seine Zügellosigkeit, seinen Ehrgeiz und durch den Verlust der Mitte verdirbt und vernichtet.

Der Weg der Besinnung ist ein langer, manchmal unbequemer Weg. Er lohnt sich, denn es ist ein Weg mit Gott. Solange die Leute nur etwas für ihren Bauch, ihr Wohlergehen und ihren Ehrgeiz tun, ist alles hohl. Wer sich mit dem höchsten Wesen verbindet, dessen Wirken im allerkleinsten Blümchen erkennbar ist, der gibt seinem Leben Sinn. Nichts geschieht ohne die Mitwirkung einer unvorstellbaren Kraft, einer Konzentration und eines Willens, den wir Gott nennen. Wer diesen Gedanken, dieses Wissen, in sich einläßt, in seinen Alltag, in alles, was er tut, wird es schaffen, und er spürt, daß er nicht mehr derselbe ist wie vor zwei Jahren.

Es läßt sich jedoch nicht erzwingen, und es lassen sich keine Katechismen daraus machen. Wie früher geht es nur auf dem freien peripatetischen Wege, den um 460 v. Chr. Aristoteles zur Zeit des Hippokrates begründete. Er schuf eine Akademie, in der Lehrer und Schüler lehrten und lernten, indem sie durch die Räume und Gärten wandelten und miteinander sprachen. Er hat nichts postuliert, wollte in den Menschen nur eine größere Einsicht in die eigene Geistigkeit wecken.

Denken wir an unsere Heiligen, die durch die Kirche heilig gesprochen wurden, nicht Gott hat sie heilig gesprochen. Durch Gebet, Beherrschung des Körpers, durch Yoga, durch Fasten haben sie sich kristallklar gemacht, um ihr wahres Wesen zu erfahren. Franziskus von Assisi hatte im Europa des 12. Jahrhunderts ein solches Ansehen, weil alle ihn liebten, ihn verehrten und eigentlich sein wollten wie er. Fragen Sie heute mal Kinder, ob sie jemanden verehren oder achten!

Sie wissen vielleicht nicht einmal, was damit gemeint ist, auch, weil die Erwachsenen es ihnen nicht vorleben.

Ja, weil sie oft zu selbstherrlich sind, um einen Menschen zu verehren für das, was er geworden ist, was er aus sich gemacht hat und was er bewirkt.

Wir hatten an der Universität wunderbare Professoren. Professor Max Verworn war einer der Begründer der modernen Physiologie. Ein alter, dicker Mann mit kleinem Spitzbart. Wir haben ihn geliebt, man kann kaum sagen, wie sehr! In seinen Vorlesungen war es mäuschenstill.

Gelegentlich lud er uns Studenten zu Tee oder Kaffee zu sich nach Hause ein, meist so etwa 15 Leute. Gleichzeitig war es ein Colloquium, ein Gespräch, ein Beisammensein. Hier dabeisein zu dürfen und seine Luft zu atmen, seine Ausstrahlung zu spüren, das war wunderbar.

Eines Tages hatte er einen Schlaganfall und kam in die Klinik. Bei Sonnenuntergang ging ich hin, stellte mich im Vorgarten unter sein Fenster und betete für ihn. Da kam noch einer und noch einer, schließlich waren wir an die zehn Studenten. Alle waren aus dem Bedürfnis gekommen, ihm die eigene schwache, kleine Kraft zu senden für seine Genesung. Er ist wieder nach Hause gekommen, konnte kaum noch sprechen, aber wir gingen weiter zu ihm, weil wir diesen Mann liebten und verehrten.

So ein Mann war auch Professor Garré. Als Chirurg machte er Selbstversuche mit Eiter, am eigenen Körper, nicht an Tieren und Gefängnisinsassen. Wir waren selig, solche Lehrer zu haben! Wenn man erstmal im Sog der Bereitschaft steht, Vorbilder anzuerkennen und zu ehren, findet man auch die richtigen Menschen. Ich habe eine alte Frau gekannt, über 80 und von Rheumatismus gequält, aber sie strickte noch, stopfte Strümpfe, und ein bißchen konnte sie auch Kartoffeln schälen, sie war also nicht unnütz, ist nicht in ein Seniorenheim gegangen, blieb zu Hause und half, so gut sie konnte. Ich fragte sie: »Sie haben doch Ihr ganzes Leben gearbeitet, wie haben Sie das alles bloß geschafft?« »Ja«, sagte sie, »wir hatten eine schreckliche Kindheit, waren furchtbar arm, oft war kein Holz da zum heizen und nichts zu essen, aber wir waren nie unzufrieden. Man muß eben mehr tun, als man kann.«

Das hat mich sehr bewegt, dieses »man muß mehr tun, als man kann«. Ich habe es nie vergessen.

Jeder kann das üben. Man kann Unglaubliches üben. Die Samenkörner dazu habe ich vielen Menschen meiner Umgebung in die Seele gelegt. Ich war allerdings nie Lehrer und hatte auch niemals bewußt Schüler. Mir selbst wurden die Übungen der Konzentration und Meditation in der Eremitage meines Vaters vermittelt, als ich noch ein kleiner Junge war.

Eine für mich wichtige Übung möchte ich auch hier gerne weitergeben, wie ich es schon in vielen Gesprächen tat. Ich habe gesagt: »Wenn ihr in eine Wohnung kommt, seht euch die vielen Dinge aufmerksam an. Trainiert euch, daß ihr sie noch ein halbes Jahr später vor dem geschlossenen inneren Auge sehen könnt.«

Ein anderes Beispiel: Man kann so lesen, daß kein einziges Wort hängenbleibt, oder man liest, daß jedes Wort uns erreicht und uns gehört. Das sind ganz wunderbare Dinge, die man lernen kann und durch die man immer, immer, immer konzentrierter wird.

Dazu braucht man nicht Yoga zu machen, man kann es ganz allein als Autodidakt in sich entwickeln und lebendig erhalten. Das ist eine große Gabe, die wir haben. Man wird so reich durch das Erkennen der Menschen, das Wissen darum und durch die Begegnungen.

Das Entscheidende ist immer, daß man es selbst will, daß man das Wissen um die Konzentration haben möchte. Wie wichtig wäre es, wenn Eltern mit ihren Kindern darüber sprächen. Viele von ihnen sind gewöhnt, ihre Eltern für blöd zu halten, weil sie abends erschöpft, müde und abgespannt sind. Es wäre wichtig, so einem Menschenkind zu sagen: »Versuch doch mal, mit deinen Eltern Freund zu werden und zu begreifen, daß sie dich in die Welt gesetzt haben und dich lieben. Versuch mal, sie so zu sehen, dann merkst du plötzlich, wie nett diese Eltern sein können.« Aber das sagt kein Mensch.

Weil der Mut dazu fehlt?

Viele trauen es sich nicht, weil sie vollgestopft sind mit psychologischen Losungen.

Gibt es Schulen der Konzentration noch heute in östlichen Kulturen?

Jedes Yoga ist Schulung der Persönlichkeit, der Konzentration, und zwar für Seele, Geist und Körper. Die Kirche kennt es ja auch, aber sie ist für viele unglaubwürdig geworden, was sehr schade ist.

Weil sie zu dogmatisch ist?

Sie hat alles festgeankert, und das ist nicht gut. Sie hat Gott und den Heiligen ihre Freiheit genommen durch diese Festlegungen. Damit ist sehr viel verlorengegangen.

4. KAPITEL

Freunde und Familie

Wir sagen manchmal etwas süßsauer, »seine Familie kann man sich nicht aussuchen, die hat man, aber Freunde kann man auswählen«, ist das wirklich so?

Wenn es so wäre, gäbe es weniger Scheußlichkeiten in den Familien. Aber vielleicht sind sie karmisch begründet, genau wird man das nie wissen.

Unsere Freunde? Ja, die können wir uns wählen. Und das ist ein großes Geschenk. Freunde bedeuten eigentlich alles für unser Leben; Familie ist etwas anderes, da wächst man hinein, leider Gottes oft schnell auch hinaus. Diese Art der Nähe und Intimität tut uns meist nicht sehr gut, und wir fühlen uns eingeengt und unglücklich.

Die Eltern tun alles oder manchmal wenigstens vieles für die Kinder, dennoch ist es zu wenig. Kinder halten Eltern oft für dumm, gewalttätig, autoritär und fühlen sich beleidigt, beobachtet, bedrängt, bis sie sich dann entschließen, aus der Familie hinauszugehen. Diese Bilanz einer Kindheit oder einer Familienzugehörigkeit empfinde ich als sehr, sehr traurig.

Andererseits gibt es immer dann wunderbar heile Familien, wenn die Eltern einen festen Fuß im Kosmos haben. Wenn sie um die Dinge von hier wissen und gleichzeitig für die Dinge von dort ein Gespür haben. Dann leben sie aus ihrem Herzen und sind behutsam mit den Kindern. Sie sind freundlich, leise und lauschend, sie hören den Kindern zu, und dann geht es in der Regel gut.

Die anderen sind emotional unausgeglichen, ehrgeizig, ungeduldig, zänkisch, sie kritisieren ihre Kinder, so daß sie Minderwertigkeitskomplexe haben und sich nicht verstanden fühlen. Alles spielt sich nur auf der gewohnten materiellen Ebene ab, ohne Mitwirkung von Gott und Engeln und Heiligen. Ohne ein Vorbild, und das ist armselig.

Ich wurde einmal zu einem Prozeß geladen, in dem ein minderjähriger Junge angeklagt war. Seine Mutter trat als Zeugin auf. Sie tat sehr selbstbewußt, als sie erklärte, sie sei die beste Freundin ihres Sohnes. Der Richter sah sie streng an: »Es wäre besser, wenn sie die beste Mutter ihres Sohnes wären.« Ich weiß nicht, ob sie es verstanden hat. Sie war stolz, seine beste Freundin zu sein und deshalb bereit, all seine Unarten zu entschuldigen. Freunde sind etwas anderes. Auch jemandes Freund sein ist etwas anderes. Überhaupt, Freunde zu treffen ist eine Begegnung im Kosmos.

Oft und gerne und immer wieder habe ich Kinder beobachtet, kleine Babys. Beim Einkauf saßen sie im Korb zwischen den Lebensmitteln und hatten schon alles im Blick. Wenn sie ein anderes Kleinkind sehen, sind sie völlig aufgeregt und wollen zu ihm hin, bestehen darauf und schreien. Sie sind ja noch wortlos und erleben auf ihre Weise eine menschliche Beziehung, eine erotische Beziehung, sie fassen sich an, sie sehen sich an. Die Kommunikation ohne Sprache ist erstaunlich vielseitig und voller Gefühl. Man erlebt die Sehnsucht eines kleinsten menschlichen Wesens zu einem anderen menschlichen Wesen, das zu ihm in Größe und Wachstum paßt.

Ich habe einen Wahlenkel, der bei seinem Vater lebt und nur von ihm erzogen wird. Er liebt seinen Sohn sehr und nimmt ihn bei jeder Gelegenheit zu Verwandten oder Freunden mit und auf Reisen. Wenn dann die gleichaltrigen Kinder zusammenkommen, ist das ein Kontakt sprühender Strahlen; plötzlich und ziemlich schnell entsteht etwas, was wir unter Erwachsenen nicht mehr kennen. Ein Miteinander, das eine ungeheure Beseligung ist. Wenn der Abschied naht, vergießen sie literweise Tränen. So war es auch bei meinem Wahlenkel, wenn er sich mit einem anderen Kind angefreundet hatte. Es ist erschütternd, eine solche Trennung mitanzusehen – als ob man Menschen zerschneidet. Dennoch ist es immer eine unerhörte Beglückung, ein menschliches Wesen zu treffen, das auf derselben Welle schwingt.

In der Schule wird wieder vieles zerstört, weil alle über einen Kamm geschoren werden. Da spielen die Stärkeren eine große Rolle, die Rücksichtsloseren, obwohl auch Schulfreundschaften wunderbar sein können. Leider mischt sich so viel anderes hinein, daß es oft schnell wieder zerbricht, und das zeigt uns, daß der Begriff Freundschaft sehr heruntergekommen ist.

Wird er zu sehr verallgemeinert und oft wahllos ausgegeben?

Ja, wird er, durch alles, alles. Durch die heutige Massenpromiskuität kann jeder ungefähr jedes Mädchen ins Bett nehmen und das andere, das Wichtigere zwischen den Menschen, verblaßt. Die sexuellen Dinge meinen ja nicht Freundschaft. Sie liegen auf einer anderen Ebene und lassen die Mädchen und die Jungen vergessen, daß es darüber hinaus eine geistige Verwandtschaft gibt.

Ich frage sehr oft bei Kindern und bei jungen oder älteren Leuten nach ihren Freunden; dann sind sie zunächst erstaunt, warum ich das frage. Meist wissen sie nichts zu antworten.

Weil sie nicht wissen, was Freundschaft heißt?

Zum Teil wissen sie nicht mehr, was das heißt, zum Teil erinnern sie sich auch mancher Freundschaften, die vorüber sind oder die in der Ehe kaputtgemacht wurden, ganz konsequent durch eifersüchtige Ehepartner. Sie wollen den anderen ganz haben, können ihm aber das Ganze nicht bieten. Jemand, der seinen Platz kennt und

So habe ich Freunde quer durch alle Alter, und das ist sehr
schön. Sie sind sehr glücklich, daß sie eine Verbindung zu mir
haben, die über die Dinge des täglichen Lebens hinausreicht.
Und ich bin es auch.

ihn souverän abgrenzen kann, erlebt diese Art der Zerstörung nicht. Viele Menschen sind heutzutage sehr vordergründig und sehen ihr Leben nur auf der banalen, simplen Ebene.

Damit verblaßt auch der tiefe Begriff der Freundschaft. Doch er wird wiederkommen, solche Dinge kommen und gehen wellenweise. Das sehen wir in der Antike, in den Tragödien der griechischen Geschichte, im Assyrischen, im Gilgamesch-Epos oder bei der Tafelrunde von König Artus.

Diese Beschreibungen von Freundschaft zeigen die Faszination, die in der Kraft der Gemeinsamkeit liegt. Das hat es immer gegeben, und es kann wiederkommen. Solche Dinge geschehen wellenartig.

Es gibt ja Menschen, die kaum Freunde haben, vielleicht sogar keinen einzigen, was verbirgt sich dahinter?

Immer eine Armut! Immer. Es ist die Unfähigkeit, Bindungen zu schaffen, sie zu entwickeln und zu bewahren. Meist behindern auch Interessen materieller Art die Entwicklung von Freundschaften, die ja hauptsächlich geistiger Natur sind.

Kann auch Angst dahinterstehen?

Angst? Wovor?

Angst enttäuscht zu werden, verlassen zu werden.

Wissen Sie, es ist merkwürdig, in einer wirklichen, echten Freundschaft wird diese Frage nicht gestellt. Man weiß, daß man sich auf diesen Menschen verlassen kann. Man steht nicht mit dem Rücken zur Wand, es ist einer da, der helfen kann, mit dem man vertrauensvoll sprechen kann, von dem man weiß, es ist das Alter ego, das zweite Ich. Selbst wenn solche Freundschaften heute selten geworden sind, die Tiefe kommt sicher wieder, jeder weiß darum und fühlt, wie ersehnenswert eine solche Beziehung ist.

Natürlich muß man Menschen finden, die mehr oder minder gleichen Geistes sind. Ich hatte eine wunderbar harmonische und schöpferische Ehe, sie war herrlich, aber ich habe niemals auf Freundschaften verzichtet. Meine Frau, als Engländerin sehr zurückhaltend, hat nie gegen sie gekämpft, sondern meine Freunde auch als ihre Freunde angenommen.

In meinem Leben bin ich viel gereist, und da passierte es oft, daß Kinder zu ihren Eltern sagten: »Den möchte ich als Großvater haben.« Ein Großvater kann tatsächlich ja auch Freund sein, ein ganz besonderer Freund. Er hat schon Abstand und ist gütig, ist verzeihend, ist weiser und nimmt Kinder ernst, was die Eltern meist nicht tun.

So habe ich Freunde quer durch alle Alter, und das ist sehr schön. Sie sind sehr glücklich, daß sie eine Verbindung zu mir haben, die über die Dinge des täglichen Lebens hinausreicht. Und ich bin es auch. Letztlich wird das in allen Ländern, in allen Kulturen ähnlich sein, weil dieser Wunsch in jedem Menschen vorhanden ist.

Freundschaften entstehen und lösen sich auch wieder auf.

Sie können sich auflösen. Aber warum eigentlich?

Weil sich vielleicht die gemeinsame Ebene wandelt und nichts Verbindendes mehr da ist?

Na ja, bei einem halbwegs erwachsenen Menschen wird die Ebene hoffentlich, so Gott will, nicht kleiner, sondern größer, und auf einer größeren Plattform kann man sich freier und besser bewegen. Bei mir ist es so, daß ich meine Freundschaften über Jahrzehnte gehalten und gepflegt habe, 30 Jahre ist eigentlich die untere Grenze, und viele habe ich noch heute.

Freundschaften pflegen, was heißt das für Sie?

Daß ich mich um die Interessen des anderen kümmere, Gespräche mit ihm führe, im Kontakt bleibe. Ich lasse die Dinge nicht laufen, sondern versuche, sie weiter zu gestalten. Sicher ist diese Tendenz nach Freundschaft, das Suchen nach einem Freund, nicht mehr so verzehrend wie früher. In der Zeit vom 18. zum 19. Jahrhundert war es beinahe theatralisch. Ein berühmter Schriftsteller beschrieb einst, wie er sich zermarterte, als er von einem Freunde wochenlang nichts hörte, nicht schlafen und nichts essen konnte und verzweifelt rief: »Warum gibt er mir kein Zeichen?«

Oder Johann Wolfgang von Goethe, der nach Spandau kam, den Buchverleger Nicolai zu besuchen. Der fragte höflich, mit wem er es zu tun habe, Goethe nannte seinen Namen und – bums – lag Nicolai auf dem Boden und wälzte sich. »Um Gottes Willen«, rief Goethe, »ist ihnen schlecht?« »Nein, nein«, rief Nicolai, »die Freude hat mich umgeworfen.« Da ließ sich Goethe auch auf den Boden fallen, und beide wälzten sich vor Freude.

Könnte man sich heute einen Geheimrat vorstellen, der so etwas tut? Überhaupt nicht denkbar. Es muß ja nicht sein, daß sich beide rumwälzen, aber es war ein drastisches Zeichen für den Drang, dem großen Gefühl der Freude dramatisch Ausdruck zu verleihen. Es ist damals dagewesen, und so ist es auch heute. Ich weiß von Treffen mit Freunden, die sich in großer Liebe, in Zärtlichkeit und Anerkennung vollziehen, daß die Menschen es gegenseitig spüren.

Es gibt wunderbare Freundschaften unter Menschen und ebenso zu Tieren, Pflanzen oder anderen Wesen.

Aber ja! Eigentlich sind das die schönsten Freundschaften! Bessere Freundschaften als mit Tieren kann der Mensch nicht haben. Soviel Geduld, Liebe, Zärtlichkeit, Fürsorge, Behutsamkeit und Treue kann ein Mensch gar nicht aufbringen, wie es ein Hund, ein Kater, eine Katze oder ein Pferd tun. Da ist keine Machtausübung, keine Unterwerfung, das ist ein Dienst aus Liebe. Sich selbst kleiner machen aus Liebe zu dem anderen, das ist phantastisch.

Obwohl Tiere natürlich auch eifersüchtig sind und Machtansprüche haben; wehe, wenn ein Rivale in die Quere kommt. Das haben sie mit Menschen gemein.

Wollen Tiere von sich aus unsere Freunde sein, oder machen wir sie dazu? Tun wir das seit Jahrtausenden über den Weg der Domestizierung?

Es wird beides sein. Mal suchen wir sie, pflegen wir sie, und mal kommen sie auf uns zu. Meine Kater sind immer auf mich zugekommen und duldeten niemanden neben sich. Wenn einer starb, war einige Wochen nichts, bis ich dann eines Tages wieder ein Köpfchen um die Ecke blinzeln sah, Körper noch versteckt, kam näher, noch näher, bis an die Tür, dann vorsichtig in die Tür hinein, und – dann war er in der Wohnung. Die hat er sich ausführlich beäugt, hat alles beschnuppert, und wenn er befand, ›hier ist es richtig‹, dann blieb er, und die Visiten von anderen Katern hörten auf.

Ja, das sind wunderbare Erlebnisse, und ganz besondere Freude macht es, wenn man von jemandem ausgesucht wird. Wenn man nicht selbst auf die Suche gehen muß, sondern wird von so einem liebenswerten, kleinen Kerlchen ausgesucht.

Einmal geschah eine tragische Geschichte. Wir lernten einen Hund kennen, einen vornehmen italienischen Whippet, der ebenso scheu wie sehnsuchtsvoll zu uns hinübersah. Wir lockten ihn mit einem Leckerbissen.

Erstmal keine Reaktion. Mit der Zeit wurde er zutraulicher und kam immer öfter, bis er dann regelmäßig bei uns war. Das war die Zeit, in der ich mir Kater Micki anschaffte. Ich hatte Mäuse im Haus und wollte, daß er ein bißchen Jagdarbeiten machte.

Micki saß auf meinem Schoß, acht Wochen alt, und der Whippet rannte voller Freude auf mich zu. Plötzlich sah er den kleinen Kater auf meinem Schoß, machte kehrt, und mit einem schrecklichen, weinenden Laut verließ er das Haus und kam nie wieder. Ich war unsagbar traurig darüber. Denn ich verstand seinen Schmerz. Plötzlich war sein Herr für ihn geteilt, und er konnte es nicht ertragen. Das war ganz schrecklich!

Daran sieht man auch die Tiefe der Gefühle eines Tieres. Pflanzen empfinden wahrscheinlich genauso, nur wissen wir zu wenig von ihnen.

Daß manche sich untereinander nicht vertragen, das wissen wir, vermutlich erklärt sich das auch biochemisch.

Einiges weiß man Gott sei Dank heute. Darüber ist viel geschrieben worden, sehr kluge Sachen über das Bewußtsein der Pflanzen. »Das geheime Leben der Pflanzen« von Peter Tompkins und Christopher Bird zum Beispiel ist ein großartiges Buch darüber. Es gibt ja auch Menschen, denen man »grüne Daumen« nachsagt. Bei unserer früheren Hausgenossin war das so, da gedieh einfach alles und blühte und grünte, es war wunderbar anzusehen.

Wahrscheinlich sprach sie mit ihren Pflanzen?

Das tat sie! Sie redete sie an, begrüßte sie und nahm sie als lebende Geschöpfe ernst, die eine Lebensaufgabe haben. Und die Pflanzen dankten es ihr.

Wahrscheinlich ist noch eine große Unreife in den Menschen, sonst würden sicher mehr darüber wissen und es beachten – oder sollte ich besser *achten* sagen? Diese Achtung gilt bei einem reifen Menschen für alle Gegenstände, mit denen er sich im Leben umgibt, in der Wohnung, am Arbeitsplatz, überall. Die Achtung vor dem anderen, dem fremden gehört zu den wichtigsten Werten im menschlichen Leben.

Manche Menschen haben »zwei linke Hände« und sind fast noch stolz darauf, wenn sie erzählen, was ihnen mal wieder heruntergefallen ist. Wissen Sie, was ich dann sage? »Du brauchst dich nicht zu entschuldigen. Die Dinge können dir nicht widerstehen, sie sind fest und haben keine Beine. Hätten sie Beine, würden sie mit Geschrei von dir weglaufen, weil du sie nicht achtest.«

Der Mensch sollte begreifen, daß auch Gegenstände würdig behandelt werden wollen, sie tragen oft die Geschichte desjenigen, von dem man sie hat. Wenn man sie liebt und pflegt und respektiert, dann zerbrechen sie nicht.

Und wenn man keinen Bezug zu den Dingen von Oma hat oder von Onkelchen, wenn sie nichts Schönes oder liebevoll Erinnerndes ausstrahlen, was dann, sollte man sie aus Pietät dennoch behalten?

Wenn man keine Pietät hat, dann ist es falsch. Aber wenn es eine wahre Pietät ist, nämlich wirkliche Liebe, Rücksicht und Pflege, dann sollte man das ruhig als Beziehung zum Alten erfahren. Sicher gibt es mal Übertreibungen, aber an sich ist das Bewahren und Erhalten etwas sehr Schönes. Man soll aber nicht mit Dingen leben, die man nicht mag, dann muß man sich von ihnen lösen. Bewußt lösen. Wir sind ja die Erzeugnisse dieser Ahnen, wir tragen ihre Gene, viele ihrer Gewohnheiten, Bewegungen, sogar Redewendungen, und sie sind bestimmt nicht nur schlecht gewesen. Wo wären die Engländer, wenn sie nicht ihre alten Schlösser so wunderbar gepflegt hätten, wie sie es noch immer tun?

Ich besitze nicht mehr viel von früher. Alles, was meiner Tschelischtschew-Familie gehörte, habe ich nach dem Wiederauftauchen unter der Verwandtschaft verschenkt. Oder sie bekommen es nach meinem Tode, wie das Bild im Eßzimmer. Es zeigt die Schlacht von 1380, in der mein Ahne der Held war. Das wollte ich noch nicht weggeben; dazu war ich zu sehr mit diesem Geschehnis verflochten.

Es ist sicher auch dem Geschmack der jeweiligen Zeit unterworfen, was man behält und was nicht. Man trennt sich vielleicht sogar von Dingen, die man 20 Jahre später wieder gerne hätte, die einem dann wieder etwas sagen könnten.
Wir haben von Freunden gesprochen, die das Leben bereichern. Kann man sein eigener Freund sein?

Ich empfinde das als sehr wichtig. Wenn man nicht Freundschaft zu sich selbst hat, wie dann zu anderen?

Man ist ein Mensch und erlebt unendlich vieles. Es geht in uns hinein, auch die Zeiten, die man durchlebt, und es formt uns. Aus diesen Gründen sollte man sich und seinen Erlebnissen Freund sein. Freund sein für sich oder andere ist ein Seelenzustand, und wenn man Freunde haben will oder hat, ist es wichtig, daß man auch selbst sein Freund ist, also gut und liebevoll zu sich selbst ist. Sonst ist es eine kalte Sache.

Wir sind dazu erzogen worden, bescheiden zu sein, vielleicht unter der Überschrift »Sei nicht so eitel, achte nicht so sehr auf dich, das ist selbstgefällig«. Geht dadurch die Fähigkeit zu gesunder Selbstschätzung in die Brüche?

Eitelkeit ist wieder etwas anderes. Eitelkeit ist eine Gefahr, eine Falle für die eigene Entwicklung und eine vordergründige Sache, Freundschaft ist hintergründig.

Tatsächlich sind es schwierige Zusammenhänge, und man kommt in die sphärische Philosophie damit. Viele Leute können nicht der eigene Freund sein, und sie werden nicht Freunde von anderen, weil sie auch das nicht können. Indes sind jene, die sich selbst lieben, indem sie sich in den Vordergrund drängen, leider auch keine wahrhaftigen Freunde.

Man sollte in sich selbst schon einen großen Schatz an Erlebnissen und Weisheit, Vernunft und Beherrschung haben, um sein eigener und anderer Menschen Freund sein zu können. Ich persönlich bezweifle, daß es gut ist, sich überhaupt die Frage nach der Freundschaft zu sich selbst zu stellen. Man beginnt damit, in Geheimnissen zu kramen, und wer weiß, was man dabei herausfindet, ob man damit glücklicher ist.

5. KAPITEL

Vergeben und Verzeihen

Ein großes Kapitel des menschlichen Daseins, vom Kind bis zum Greis, ist das Bitten um Verzeihen oder das Bitten um Entschuldigung. Es geht darum, es zu tun, wenn wir darum gebeten werden. Ebenso wichtig ist es, selbst um Verzeihung zu bitten, den anderen, den wir verletzt haben oder dem wir Unrecht getan haben oder übel nachgeredet. Es gibt so viele Gründe, jemanden um Verzeihung, um Ent-Schuldigung zu bitten. Und wir sollten es tun. Immer dann, wenn wir Unrecht fühlen.

Es ist merkwürdig, daß der Mensch beharrlich recht haben will. Schon wenn Kinder spielen, zanken sie um die Spielzeuge, immer mit dem »Ich bin im Recht«. Selbst wenn es ganz offensichtlich nicht so ist.

Dieses Im-Recht-Sein, das damit verbundene Unrecht für den anderen innerlich zu begreifen und davon zurückzutreten, ist etwas sehr Seltenes. Es betrifft alle, die Alten und die Jungen und die ganze Menschheit. Es betrifft auch die Tiere, denn auch sie kämpfen um ihr vermeintliches Recht.

Die Frage, ob man es durch eine andere Erziehung ändern kann, ist schwer zu beantworten. Man wird es solange kaum ändern können, wie die Eltern Partei nehmen für ihre Kinder, auch wenn sie unrecht haben; dies geschieht bei den meisten ganz automatisch. Sie unterstützen sie sogar noch in diesem vermeintlichen Rechthaben und geben ihnen nicht die Einsicht in das, was Recht ist.

Woher sollten sie es auch nehmen; sie selbst üben ja auch Unrecht aus. Immerzu. Jede Form von Ehrabschneidung, von Klatsch, von Intrige hat diesen Charakter. Man will den anderen mindern, um sich selbst im

Bewußtsein seines vermeintlichen Rechtes über ihn zu erheben.

Die Bibel nimmt durchaus dazu Stellung. Es gibt zum Beispiel das symbolhafte Gespräch zwischen Christus und Petrus.

»Herr, wenn einer mir Unrecht getan hat, wie oft soll ich ihm denn verzeihen? Genügt einmal?«

»Nein.«

»Vielleicht sieben Mal?« fragt Petrus weiter.

»Nein.«

»Ja, wie oft denn?«

»Mindestens sieben mal siebzig Mal«, antwortet Jesus dem Petrus.

Das heißt, wenn du dich mit einem Menschen entzweit hast, lasse die Sonne darüber scheinen. Schließe Frieden mit ihm, denn nur auf der Basis des Friedens kann man miteinander leben. Immer spielt im Verhältnis der Menschen untereinander die Vergebung eine Rolle, wenn es überhaupt dazu kommt; die Bitte um das Verzeihen. Sie ist sehr wichtig.

In der orthodoxen Kirche gibt es einen geradezu unglaublichen Feiertag. Es ist der Gründonnerstag, der Donnerstag des Verzeihens. Man fastet und erforscht sein Gewissen und möchte Ordnung schaffen zwischen sich und den Menschen. Dazu gehört das Gebot, vor dem Kirchgang, vor Beichte und Absolution persönlich zu jenen zu gehen, mit denen man in Unfrieden lebt und sie um Verzeihung zu bitten. Dann erst darf man zur Beichte gehen oder zur Kommunion.

Das Persönliche ist manchmal nicht möglich, wenn der andere Mensch tot ist oder sehr weit entfernt lebt.

Dann kann man es im Gebet tun. Man kann ihn im Gebet um Verzeihung bitten. Aber es geht ja auch um die Lebendigen. Ich weiß noch, wie schrecklich für mich dieser Gründonnerstag war. Da kam Mama und kniete vor mir.

Das heißt, wenn du dich mit einem Menschen entzweit hast, lasse die Sonne darüber scheinen. Schließe Frieden mit ihm, denn nur auf der Basis des Friedens kann man miteinander leben.

Sie verbeugte sich vor mir, obwohl ich noch ein Knabe war, und sagte: »Verzeih mir alles, was ich dir Böses getan habe.« Meine Tränen flossen literweise.

»Du hast mir doch niemals etwas Unrechtes getan.«
»Ich weiß nicht, vielleicht war ich unbedacht, vielleicht zu streng mit dir, irgend etwas mag schon gewesen sein, und dafür bitte ich dich um Verzeihung.«

Natürlich habe ich ihr vergeben und gleichermaßen habe ich sie um Vergebung gebeten für die Hunderte von Malen, die ich ihr Verdruß und Ärger bereitet habe. Danach sagte sie »Jetzt geh zu all den anderen, die du um Verzeihung bitten möchtest.«

Ich ging also zur Njanja, das war gut, zum Alexander, das war gut, zum Frossja, das ging einigermaßen gut. Großmutter um Verzeihung zu bitten war schrecklich, weil ich sie nicht mochte und nicht akzeptierte. Ich habe es dennoch getan, aber sie konnte es nicht verstehen, sie hatte es auch nie geübt. Und meine Schwester? Die ich doch täglich geärgert habe? Na ja, auch das brachte ich hinter mich.

Es gab noch andere, vor allem eine Nachbarin, die Fürstin Kutusowa, eine alte Klatschbase und Intrigantin. Ich wußte, was passierte, wenn ich sie um Verzeihung bitten würde. Jedes Unrecht hat sie in ihrem Gehirn aufgeschrieben und mir nachgetragen, und ich dachte, ›mein Gott, wenn ich sie um Verzeihung bitte, dann werde ich ja noch böser‹.

Natürlich fragte mich Mama: »Warst du bei der Kutusowa?«

«Nein«, sagte ich, »konnte ich nicht.« Und Vater sagte: »Konnte ich auch nicht«, und lachte. Sie wurde als einzige tatsächlich ausgespart. So waren die meisten Beziehungen wieder ein bißchen ins Lot gebracht, und das tat allen wohl.

Es war eine großartige Erleichterung, danach in die Kirche zu gehen.

Welcher Gedanke steht dahinter? Der der Selbstklärung und Reinigung?

Der Gedanke des Friedens, der Versöhnung mit den feindlichen Kräften in uns. Das sind ja alles böse, dämonische Kräfte, und man neutralisiert sie, indem man sich wirklich um Verzeihung bemüht. So lernt man mit ihnen umzugehen.

Welche Kräfte in uns sind es, die wir damit beleben?

Es ist ein Sich-selbst-Zurückstellen, und das kann sehr mühevoll sein. Wenn es echt ist, ist es eine tiefgreifende Überwindung. Man tritt vom eigenen Rechtsbewußtsein zurück und bittet den anderen, von dem man ja denkt, daß er einem Unrecht getan hat, um Verzeihung. Das erfordert Reife.

Jede religiöse Richtung betont, daß solche Situationen im menschlichen Leben wichtig für die persönliche Entwicklung sind. Es gilt, den selbst verursachten Störfaktor zu erkennen und zu bereinigen.

Sie sagten »wenn es echt ist«...

Es ist nicht immer echt, und dann nützt es nichts. Dann ist es nur vorgetäuscht. Aber wir in Rußland nahmen es sehr ernst. Natürlich, wenn wir gefühlt haben, daß es nur eine böse Erwiderung gibt, dann sind wir nicht gegangen. Heute weiß ich, daß es besser gewesen wäre, wenn wir es dennoch getan hätten. Weil gerade die schwierigen, die angstvollen Wege uns die wichtigsten Erfahrungen bringen. Das ist der Augenblick der Metanoia.

Bei der Kutusowa war der Mann ein schwacher Mensch. Er hatte auch nie richtige Arbeit. So waren sie arm, sahen in uns die Reichen und waren voller Neid. Auf meine Mutter waren sie besonders neidisch, weil sie schön war und menschlich und alle sie liebten.

Es ging niemand gern zur Kutusowa, weil sie so eine miese Klatsche war. Ihr Mann nutzte jede Gelegenheit, aus dem Hause zu gehen. Eines Tages hatte sie sich ein Bein gebrochen und lag nun da. Kein Mensch ist zu ihr hingegangen, weil auch jede Samariterfähigkeit mal ein Ende hat. Die Njanja kam und sagte: »Die Kutusowa liegt da und hat sich etwas gebrochen.« Mama sagte: »Gut, nehmen wir sie zu uns und pflegen sie.« Wir gingen mit einer Tragbahre zu ihr, als sie uns sah, war sie sehr böse und rief, Mama sei an allem schuld.

Sie wollte nicht mit uns kommen. Aber was sollte sie machen, sie war ja völlig hilflos. Trotzdem nahmen wir sie mit, mein Vetter Aljoscha Galitzen, Mama und ich und brachten sie zu uns nach Hause. Da bekam sie Diät und alles, was sie brauchte. Mama besuchte sie oft und sprach sehr ernst mit ihr. Und wenn sie dann klagte: »Womit habe ich das alles verdient?« sagte Mama: »Sie haben das verdient, weil sie voller Neid sind und die anderen schlecht machten.«

Diese Zeit bei uns hat die Kutusowa sehr verändert. Damals habe ich gelernt, was Vergebung im Leben bedeuten kann. Denn die tätige Vergebung ist der Kern jeder Vergebung. Ich habe später immer wieder gespürt, wann es nötig war, Menschen mit der tätigen christlichen Liebe aufzufangen. Manchmal ging es gut und manchmal nicht.

Tut man es für sich oder für den anderen?

Man soll bloß nicht sagen, man tue es nur für den anderen. Das ist nicht wahr. Natürlich tut man es für sich, und man freut sich, daß man eine gute Tat getan hat. Wenn wir allerdings nur darauf achten, ob es auch jeder gesehen hat, dann ist es schlecht. Das alles sind Elemente im Leben, die sehr wichtig sind und die uns auf dem Wege der Entwicklung voranbringen.

Sollte man auch sich selbst um Verzeihung bitten?

Wenn man lieblos zu sich war, dann ja. Damit bittet man Gott um Verzeihung. Tatsächlich gibt es unzählige Formen der Selbstbestrafung. Dafür sollte man sich um Verzeihung bitten. Um Vergebung bittet man übrigens nicht nur wegen böser Taten, sondern auch wegen böser Gedanken.

Wenn wir unseren leiblichen Vater um Vergebung bitten, tun wir es dann auch mit unserem himmlischen Vater?

Ja, ich glaube schon.

In der Selbstvergebung steckt wohl oft noch sehr tief die Verurteilung der eigenen dunklen Seiten, die wir ablehnen oder vor denen wir uns fürchten.

Ja, und das muß man vermeiden. Denn Haß, Ablehnung oder Wut erzeugen immer dämonische Kräfte. Wenn aber die Menschen nicht mehr an Dämonen glauben, dann wissen sie nicht, was das bedeutet. Früher wußte man es und hütete sich vor ihnen.

Heute mit dem Stand der Tiefenpsychologie würde man sagen, es sei eine Ausgeburt aus dem eigenen unbewußten Vernichtungswillen. Früher war es der Teufel. Heute nennt man ihn nicht mehr so, und doch ist er es. Das spiegelt unser doppelseitiges Denken: der Engel auf der einen Seite und der Teufel auf der anderen; der Verführer, der Diabolus, der Durcheinanderwerfer.

Diese Begriffe waren bis vor kurzem noch gebräuchlich, und es ist schade, daß sie in Vergessenheit geraten sind. Heute ist zwar vieles ins Abstrakte abgerutscht, aber die Wirklichkeit ist die gleiche.

Er ist nicht außerhalb von uns, der Verführer?

Nein, er steckt ganz tief in jedem von uns drin.

6. KAPITEL

Goldene Kindheit

Aus verklärter Rückschau oder unberufenem Mund hören wir sehr oft in Literatur und Gesprächen von der sogenannten goldenen Kindheit. Ich habe das sehr aufmerksam registriert und mich schließlich gefragt, ob es wahr ist, ob es diese goldene Kindheit wirklich gibt. Ich bin zu der Überzeugung gekommen, daß es sie nur in Ausnahmefällen gibt, daß in den meisten Fällen das Gold sehr schnell verblaßt, wenn es überhaupt je drin war in den Tagen der Kindheit.

Es gibt Völker, die sich in sehr zärtlicher Weise um ihre Nachkommen kümmern. Das sind zum großen Teil Völkerschaften des hohen Nordens, Menschen die nicht so weit vom Polarkreis leben, Eskimos, Lappen, Tschuktschen. Da trägt die Mutter das Kind in einem Beutel auf dem Rücken oder auf der Brust. So hat das Kleine ständige Nähe und Fühlung zur Mutter. Jede Bewegung, ihre Wärme, ihren Geruch erlebt es mit und ist in hohem Maße behütet, wie es die Känguruhbabys sind, die im Beutel der Mutter aufwachsen. Das ist eine wunderbare Aufzucht. Ich glaube, daß diese Menschen, die ja zu den sogenannten Primitiven gezählt werden, in ihrer primitiven Struktur sehr gesund und normal sind. Das trifft auch für die Indianer zu, die in Wigwams leben, dünnen Zelten nur, die sie von der Außenwelt trennen. Wollte man sich darin laut verhalten, wäre es nicht zu ertragen. Wenn ein Kind anfängt zu schreien, sagt die Mutter in leisem Ton: »Hör bitte auf, du störst die Ruhe des großen Geistes.« Das Kind versteht das, es weiß es einfach, und es hört darauf. Es ist der Ton, es ist die Ruhe, es ist die Überlegenheit dieser Kulturen, und das ist wunderbar. Im alten Japan war es ebenso.

Die Häuser wurden wegen häufiger Erdbeben sehr leicht gebaut, sehr durchgängig für Geräusche. Die Japaner sind das gewohnt, sie erziehen ihre Kinder in dem Bewußtsein, leise zu sein.

Ich habe viele Schicksale von Neugeborenen, Babys und heranwachsenden Kindern in Europa verfolgt, mit sehr vielen Menschen gesprochen, und hier zeigt sich ein ganz anderes Bild. Es ist natürlich, daß der Prozeß der Geburt, der für die Mutter meist sehr qualvoll ist, auch am Kind nicht spurlos vorübergeht. Es ist ja das Kind, das durch diesen engen Kanal hindurch ins Leben getrieben wird. Sicher ist das für diesen kleinen, ja schon empfindenden Menschen ein im höchsten Maße angstvolles Erlebnis. Aus der Wärme von 37 Grad in der Gebärmutter kommt es nackt auf diese Welt, sieht das grelle Licht des Tages, nachdem es neun Monate im Dunkel war, und erlebt sich wahrscheinlich unbeschützt und preisgegeben. Und all die Menschen in seiner Nähe, die Gebärende, die Ärzte, die Hebamme, die lieben Verwandten, drängen sich um dieses winzige Wesen, mit vielen Gesten und Gebärden und dummem Gerede. Es versteht die Sprache noch nicht, hat die Menschen noch nie gesehen und erlebt mit Schaudern diese neuen Begegnungen.

Dieser Prozeß des Lernens und Erfahrens bleibt jetzt viele Jahre. Man bedenke, jede Bewegung muß von dem Kind erlernt werden, weil es noch nicht in der Lage ist, seine Organe und Gliedmaßen bewußt zu benutzen. Das ist ein langer, mühsamer Weg, bisweilen von Mißerfolgen begleitet, von Ärger und Wut bis zu Verzweiflung.

Stellen Sie sich vor, daß eine so einfache und doch komplizierte Bewegung wie das Zuschnüren eines Schuhes gelernt werden muß, das Aufrichten, das Kriechen und später das Aufstehen, noch später das Gehen, dazu die Beherrschung der Sprache. All das haben wir Erwachsenen jetzt selbstverständlich in uns, denken nicht mehr daran, in welchen Schwierigkeiten sich Kinder, je nach ihrem Wachheitsgrad, ihrem Intellekt, ihrer Auffassungsgabe befinden. Manche erreichen das Ziel nicht, wie wir heute an der großen Zahl hirngeschädigter Kinder sehen. Sie scheitern an so einfachen Vorgängen wie Sprechen, Essen, sie bekommen das Anziehen oder das Erledigen der Notdurft nicht in den Griff. Welche Demütigung, wenn sie sehen, die anderen können es, und sie können es nicht. Welch ein Verlust an Lebensbejahung und Lebensfreude!

Zu Hause sind die lieben Eltern mit ihren eigenen Schwierigkeiten. Mögen sie 13 Jahre in die Schule gegangen sein, für die Ehe, für die Elternschaft wurden sie nicht geschult. Völlig unvorbereitet gehen sie hinein in das Abenteuer und erwarten, daß ihre Liebe 60 Jahre reicht. Sie reicht manchmal kaum ein Jahr, weil kleine Schwierigkeiten oder Hindernisse sie entzweien. Kinder haben sehr oft ein sensibles Gespür für das, was in Unordnung ist. Dicke Luft, Verstimmung, Mißtrauen, Eifersucht oder Haß im Elternhaus, und sie welken wie die Blumen, ihre Lebenskraft, ihre Daseinsfreude erfährt einen Schock. Meist können sie sich niemandem mitteilen, weil Worte nicht ausreichen, um diese tiefe Not zu beschreiben, und weil die Eltern, die diese Not ausgelöst haben, sie sowieso nicht verstehen.

Von Tieren wissen wir, daß sie Lautheit nicht vertragen. Katzen, Hunde, kein Wesen erträgt den Menschen, wenn er laut ist. Das empfinden Kinder ebenso. Ihre Beziehung zu solchen Erzeugern ist durch Lärm immer belastet. Rein animalisch lieben sie sie, aber sie sind unglücklich, daß ihre Eltern in bezug auf Menschlichkeit und Freundlichkeit unter ihnen stehen. Sie empfinden tiefe Angst, und Angst ist immer neurosebildend, verbunden mit Gefühlen von Minderwertigkeit und Unfähigkeit, Traurigkeit und Schlaflosigkeit, Flucht von sich selbst, Flucht von zu Hause. Das ist keine goldene Jugend.

In der Schule wird man gedrillt zum allgemeinen

Menschen, nicht gerade liebevoll, selten genug kommt ein Lehrer mit einem Sack voller Liebe und schüttet ihn über die Kinder. Die meisten ersticken in dem Einerlei der Routine, in der Abwehr der Ungezogenheiten der Kinder, manchmal in ihrem Haß.

Ich weiß, daß ich als Junge die Lehrer, die mich schikanierten, haßte. Wir hatten im Winter in Moskau riesige Kübel auf den Straßen, in denen Asphalt gebrannt wurde, um Löcher in der Fahrbahn zu stopfen. Es roch sehr gut, und die Männer, die das machten, sahen schwarz aus, so daß ich dachte, es seien Teufel. Ich habe mir vorgestellt: ›Gott, laß mich den Lehrer am Schlawittchen packen und in diesen kochenden Asphalt stecken.‹ Ich hatte großen Genuß an diesem Gedanken, der natürlich niemals Wirklichkeit wurde. Sehen Sie, auch so wird ein Mensch böse, nur aus Abwehr, ohne eigentlich böse Anlagen zu haben.

Wie viele häßliche, unausgewogene, lieblose Worte sagen Eltern zu ihren Kindern! Im Befehlston, im Schimpfton, im Drohton, ohne sie anzuhören, ohne sie aussprechen zu lassen. Jedes setzt sich in dem Kind fest, und es beginnt zu glauben, es sei unwürdig, sei schlecht und flüchtet vor den Eltern. Dann suchen sich Kinder Gesinnungsgenossen und gehen viel zu früh Bindungen ein. Das gehört leider zu den häufigen Erfahrungen meiner jahrzehntelangen Praxis.

Glücklicherweise habe ich auch Kinder gesehen, die eine wirklich behütete Kindheit hatten. Sie stammten meist aus Familien mit offenen, fröhlichen, lebensbejahenden Menschen, die Kinder liebten, sie achteten, umsorgten, sie nicht straften, nichts befahlen, sondern im Gespräch mit ihnen waren. Diese Kinder fühlten sich frei, unbeschädigt von den Bosheiten der Eltern oder Lehrer, und sie wuchsen glücklich auf. Aber das ist selten geworden. Wirklich jemanden zu finden, der sein Leben lang glücklich bleibt und mit wachen Sinnen versucht, diesen Zipfel des Glückes zu behalten, ist selten.

Natürlich ist es auch eine Frage der Bestätigung. Es ist so wichtig, daß ein Mensch, statt beschimpft zu werden, auch gelobt wird. Jeder macht mal etwas Gutes und mal etwas Dummes. Für das Böse wird er gleich bestraft, aber das Gute – wann wird das schon erwähnt? Wenn er gelobt würde, könnte sich sein Selbstgefühl stärken. Dann wäre er besser, gütiger, und er fühlte, daß er jemand ist. Wir sollten, wenn wir schon miteinander ins Bett gehen und dabei mehr oder minder zufällig Kinder in die Welt bringen, sie als ernstgemeinte Gabe Gottes betrachten, als Aufgabe, ihnen mit Verantwortung und guter Gesinnung auf ihren Weg zu helfen.

Gleichwohl lesen wir von Scheidungen, von üblen Dingen, die bis in die Königshäuser hineinreichen. Überall sind unglückliche Kinder, die sich wünschten, daß ihre Eltern zueinander fänden. Sie fühlen, daß ihnen etwas vorenthalten wird, etwas Lebenswichtiges genommen wird.

Ich meine, es ist unumgänglich, daß alle sich einer Metanoia unterziehen. Gemeinsam, Eltern und Kinder, dann gibt es eine neue Chance für jeden und für die Familie.

Manche Kinder verdanken wohl den Gesprächen mit mir, daß sie anders geworden sind, daß sie sich für die Metanoia entscheiden konnten, andere sind nach dem ersten Besuch nicht mehr gekommen.

Gab es bei Ihnen als Kind Schlüsselerlebnisse oder Metanoien, in denen Sie erkannten, ›ja, um Himmels willen, der ist ja gar nicht so schrecklich, wie ich dachte‹?

Natürlich gab es das. Beim Lindenberg war das so. Er war kein schlechter Mann, die Leute liebten ihn. Bei uns zu Hause schrie er. Damals war ich empört, wenn meine Mutter angegriffen wurde, und habe nicht gesehen, daß sie gegen alle Regeln einer Mutter und Hausfrau verstieß. Heute sehe ich die Dinge anders.

Wußte sie das? Konnte sie ihren Anteil an der Situation erkennen?

Sie war so erzogen worden. Ein hochadliges Mädchen ging nicht in die Küche. Die Köchinnen ließen sie auch nicht rein. Sie ließ alles seinen Gang nehmen, engagierte Leute, die zum Teil entlaufene Sträflinge oder völlig unpassend waren, aber sie hat es oft nicht erkannt. Sie hatte ein sehr gutes Herz, liebte alle und entschuldigte alle, aber im Hause war Schlendrian. Von meiner Patenmutter, von Tante Ella, der Heiligen, die auch Deutsche war, kriegte ich immer was zu hören. Unverblümt, und ich ärgerte mich kaputt.

Viele meiner Leser schreiben mir, sie seien beim Lesen meiner Bücher verzaubert über meine goldene, behütete Kindheit. Ich muß dann mit etwas schiefem Mund lächeln, weil sie es wohl falsch gelesen haben; sie haben nur die Vergoldung gelesen. Sie haben nicht begriffen, was für Qualen und Leiden sich in dieser Kindheit vollzogen. Es ist hier vielleicht der Platz zu sagen, daß meine Kindheit so golden nicht war. Sie war geprägt von Ängstlichkeit, Ängsten, schweren Träumen und Traurigkeiten. Ich hatte keine Kindheitsgenossen, meine Schwester wurde ja erst viel später geboren. Wenn ich fremde Kinder draußen vor dem schmiedeeisernen Gartentor spielen sah, hatte ich große Sehnsucht, mit ihnen zu sprechen, aber sie wollten meist nicht. Das Tor war verschlossen, und Kinder wurden nicht eingeladen. Erwachsene kamen ständig zu Besuch.

Schulfreunde gab es auch nicht, weil Sie privat unterrichtet wurden?

Nein. Anfangs ging ich zur Schule. Es war schrecklich für mich. Ich gehörte der Gesellschaftsklasse der Großgrundbesitzer und Kapitalisten an. Die meisten anderen waren Kinder von Volksrevolutionären, und die Lehrer waren es auch. Das ließ man mich fühlen. Eines Tages sagte ich zu Mama: »Das geht nicht mehr so weiter, bitte nimm mich von der Schule.« Ich bekam dann Privatlehrer, meistens Studenten bestimmter Fakultäten.

Was haben Sie als Kind gerne gelernt, was hat Sie interessiert?

Nichts, nichts, ich war immer im Protest! Ein Sprichwort sagt so nett: Man lernt nicht für die Schule, sondern für das Leben. Das stimmt nicht, wir lernen, weil es oktroyierte Pläne von Erwachsenen sind, überhaupt nicht kindgerecht. Ab und zu waren Menschen in meiner Nähe, freundliche, warmherzige Menschen, nicht sehr viele, und so hatte ich oft eine unsichtbare Mauer um mich gestellt, um die Gouvernanten, Mademoiselles und Misses von mir fernzuhalten. Ich war als Kind voller Ängste und hatte kein Vertrauen zu den Großen, zu meiner Familie.

Ich weiß noch, daß wir bei einem Besuch alle eingesperrt wurden, weil eine Tür zuschlug und sich nicht mehr öffnen ließ. Vor Schreck schrie ich, denn ich wußte genau, Mama und Onkel Iwan würden die Tür nicht öffnen können. Ich dachte nicht, daß wir dort verhungern würden, aber das Gefühl von Schutzlosigkeit, von Preisgegebensein, war sehr stark. Ich traute ihnen nicht zu, daß sie es schaffen würden. Das war typisch.

Schafften sie es?

Nein.

Wie ging die Tür wieder auf?

Es kam jemand vorbei. Er holte einen Schlosser, und der hat die Tür mit einem Griff geöffnet. Aber von meinen Leuten – Onkel Iwan war sogar General! – hat niemand eine Idee gehabt, wie die Tür zu öffnen sei. Ich liebte sie, aber vertraut habe ich ihnen nicht.

Mit meinem Stiefvater Lindenberg war es so, daß er auf meinen kleinen Bruder sehr wütend war. Der Kleine benahm sich auch manchmal recht vorlaut zu ihm. Irgendwann brüllte er ihn dermaßen an, daß mein Bruder vor Schreck in Ohnmacht fiel. Wir legten ihn auf die Couch. Er kam bald wieder zu sich, war aber sehr verzweifelt. Ich war damals Abiturient und sagte zu Lindenberg: »Das kannst du nicht mit ihm machen. Wenn er etwas ausgefressen hat, sprich mit ihm, aber mit so einem massiven Ausbruch erreichst du nichts.«

Er hat es angenommen, und das war bei mir die Metanoia. Von da ab habe ich mit ihm reden können und hatte davon sogar gleich großen Nutzen. Lindenberg wollte nämlich, daß ich Ingenieur werde, um die Familienfabriken zu betreuen. Das lehnte ich ab. Ich wollte Arzt werden. »Aber man verdient doch nichts als Arzt, was soll denn das?« – »Es geht mir nicht ums Geldverdienen«, sagte ich, »ich werde schon meine Brötchen haben.« Schließlich hat er Ja gesagt. Von da an normalisierte sich unser Verhältnis. Ich hatte zwar noch einige Widerstände, konnte jedoch ohne Angst mit ihm reden.

Und gegenseitig haben Sie sich zur Metanoia verholfen.

Natürlich. Aber Metanoia ist nicht überall. Es gibt auch Leute, die wirklich unrettbar selbstgerecht sind und nicht den Weg zur Einsicht finden. Immer kommt es darauf an, ob ein Mensch zu einer größeren Reife bereit ist oder nicht. Es kann durchaus sein, daß er es nicht ist und deshalb nicht zur Einsicht kommt.

7. KAPITEL

Karma und Verantwortung

Seit uralten Zeiten beschäftigen sich Wissenschaftler und Ärzte mit dem Vorgang der Zeugung, der Schwangerschaft und der Geburt des Menschen, die ihn hineinträgt in das Leben. Das sind bei weitem nicht nur biologische oder medizinische Vorgänge, sondern in erster Linie geistige und schicksalhafte Ereignisse. Die meisten Religionen schweigen sich aus Angst oder Unkenntnis mehr oder minder darüber aus.

Anders ist es im Hinduismus, Buddhismus, bei den Indianern, Schamanen und anderen, die in ihrem inneren Kern alle miteinander verknüpft sind. Auch im Christentum hat es die Vorstellungen dieser geistigen Bewandtnis von Zeugung und Geburt gegeben. Besonders in der Blütezeit der Gnostiker, in der auch Christus lebte und wirkte und während der Zeit der jüdischen Glaubensgemeinschaft der Essener.

Schon Buddha lehrte etwa 500 Jahre vor der Ära Christi diese Zusammenhänge. Er hatte Mönche, die für ihre Verbreitung sorgten, und so dienten die Straßen Asiens und Europas als Netz, über das die Philosophen ihre Gedanken trugen wie die Kaufleute ihre Waren.

Uns ist bekannt, daß Pythagoras, der große griechische Denker, von der Lehre der Reinkarnation, der Wiederverkörperung oder des Wiedereinstiegs in ein anderes menschliches Wesen Kenntnis hatte. Er gründete in Griechenland seine Akademie, an der er dieses Glaubenssystem verbreitete. Wahrscheinlich wissen wir nicht, was es heißt, wenn wir sagen, der Mensch ist ewig, vielleicht hat seine Existenz tatsächlich keinen Anfang und kein Ende. Wir wissen es nicht. Ganz bestimmt hat er etwas, das man Evolution nennt. Die Entwicklung vom

81

Primitiven zum Klugen und zu guter Letzt zum geistigen Wesen, zum Heiligen oder zum Weisen. Das kann man in einem einzigen Lebenszyklus wohl nicht erreichen. Noch im vorigen Jahrhundert lag die durchschnittliche Lebenserwartung bei 20 Jahren, Anfang dieses Jahrhunderts stieg sie sehr schnell auf 70 Jahre. Man hat also mehr Zeit, sich zu entwickeln. Ob man sie dazu nutzt, ist eine andere Frage.

Es gibt die poetische Vorstellung, daß jede Seele durch Genien und Engel geführt wird und daß entweder die Seele selbst sich ein neues karmisches Domizil sucht oder ihre himmlischen Helfer das für sie tun. Ein körperliches Domizil, in dem das Wesen nun, unwissend und doch anknüpfend an die vergangenen Leben, die Freuden und Leiden, die guten und schlechten Taten, zu etwas Größerem, Schönerem, Höherem gelangen kann, wenn es das will. Dahinter steht der Gedanke, sich im neuen Leben vom vorangegangenen zu reinigen und bewußt zu befreien, ohne daß man Kenntnis von Einzelheiten hat.

Mir gefällt die schöne legendäre Darstellung, daß ein Engel der Seele auf dem Weg vom dortigen zum hiesigen Dasein die Augen verbindet und in den Leib der Mutter trägt. Die Augen verbinden bedeutet, daß sie vergißt, was sie zuvor erlebt hat, daß sie wieder neu anfängt zu leben. Für mich persönlich ist das sehr einleuchtend, und wahrscheinlich glauben zwei Drittel der Menschen an diese Darstellung. Sie ist in mancher Hinsicht plausibler als die vielen ungeordneten Erklärungsversuche unserer Zivilisation. Denn warum wird ein Mensch arm geboren, warum wird er reich geboren, warum bekommt er diese oder jene Krankheit oder Verkrüppelung, warum hat er einen schlechten oder einen guten Charakter?

Das erklärt sich sehr einfach und klar vom Karma. Jeder Mensch muß das, was er an Gutem oder Bösem angehäuft hat und nicht in der Zeit seines Lebens ausgeglichen hat, beim nächsten Mal erledigen.

Ganz gleich, wie man selbst es bewertet, ob man das Böse als schlecht erkennt?

Ganz gleich. Manchmal erkennt man es nicht und muß trotzdem dafür bezahlen. Weil man die bösen Gedanken, die bösen Wünsche oder Taten nicht in etwas Besseres verwandeln konnte. Wie sagte es Christus? »Was du tun willst, das tue gleich.« Dieser Grundsatz ist sehr wichtig für unser tägliches Tun. Besonders, wenn man etwas Liebloses, Böses getan hat. Erkennt man es und wandelt es zum Guten, hat man sich selbst davon befreit und den anderen auch. Karma ist etwas unerhört Komplexes, das wir mit der Logik unseres Verstandes nicht erfassen können. Es ist unerhört sensibel und unerhört vielschichtig. Jedes Sein im Leben hat Karma, sie gehören zusammen wie der Schatten und das Licht.

Es ist nicht so, daß ich sagen kann: »Morgen machen wir mal ein anderes Karma oder am liebsten keins« – das gibt es nicht. Karma bedeutet im Sanskrit Tun, Handlung, und das nennt uns schon die tiefe Bedeutung.

Bleiben wir beim Baby, das mit seinem Karma in die Welt kommt. Dieses inzwischen unwissende Wesen gelangt in den Leib seiner Mutter und erlebt dort alles mit, was außerhalb geschieht. Es hört, es fühlt und es sieht. In der Blütezeit der griechischen Kultur wurden schwangere Frauen in einer sehr einfühlsamen Weise behütet. Es wurde den Göttern geopfert und zu ihnen gebetet, sie mögen Mutter und Kind fördern. Die Frau wurde nur mit schönen Dingen umgeben, mit schönen Plastiken, Bildern und Düften. Alle menschlichen Häßlichkeiten, Jähzorn, Wut und Gemeinheit wurden von ihr ferngehalten. Das Kind sollte in dieser wichtigen Zeit zu Harmonie, Schönem und Gutem erzogen werden.

Bei uns wird nicht so menschlich, so fürsorglich gedacht. Die Frauen, die Kinder gebären, rauchen oftmals während der Schwangerschaft, obwohl jeder Mensch weiß, daß Nikotin ein schweres, scheußliches Blutgift ist, manche nehmen sogar Drogen, was das Allerschlimmste ist, und sie trinken Alkohol. Diese Gifte gehen ins Blut und mit dem Blut in den Embryo. Man braucht sich nicht zu wundern, daß die Zahl geschädigter Kinder so stark in die Höhe gegangen ist. Oft ist das die Schuld der Mutter, die keine wirkliche Achtung hat vor diesem ihr fremden, aber zugehörigen Leben.

In vielen Ländern und Kulturen sind schweres Arbeiten, Tragen und Heben auch während der Schwangerschaft an der Tagesordnung, auch das Beischlafen des Mannes, das vom Fötus als gewaltsames Eindringen in sein behütetes Dasein erlebt wird. Genauso ist es mit lauter Musik, Schreien und Schimpfworten. All das wirkt auf das kleine Wesen drinnen im Bauch und wird durch die Bauchdecke miterlebt.

Nach der Geburt, die für Mutter und Kind schon dramatisch genug ist, wird dem Neugeborenen sofort befohlen: Es soll trinken, schreien, sonst wird es gleich am Anfang versohlt, es soll in die Windeln machen und noch so manches. Manchmal singt eine Mutter dem Kind wenigstens noch ein Lied; leider selten genug.

Es gibt wenige Kinder, die sofort Kontakt zu anderen Menschen aufnehmen, zutraulich sind und lächeln. Die meisten sind nach den Erlebnissen der ersten Wochen für lange Zeit verängstigt und weinen und sind verschreckt. Tragischerweise kann sich das durch das ganze Leben ziehen.

Ich hatte den Fall eines verwahrlosten Jungen, der seine Mutter haßte. Sie brachte ihn zu mir und redete über ihn wie über einen Toten. Ich fragte: »Muß er denn das alles hören?« Seine Mutter: »Er soll es ruhig wissen.« Ich bat sie, mal rauszugehen, weil ich mit dem Jungen allein sprechen wollte. Er begleitete sie mit einem haßerfüllten Blick, und dann kam es aus ihm heraus: »Das ist kein Leben, das ist eine Strafanstalt. Sie hat den Putzteufel. Wenn ich Freunde einlade, müssen sie die Schuhe ausziehen, und wenn sie sitzen, geht sie an die Stuhlbeine und poliert sie. Ich darf niemanden mehr einladen, ich habe keine Freunde.« Bei einem Kindergeburtstag hatte er einmal Kakao verschüttet und war daraufhin nicht mehr gern gesehen. Auch in der Schule war er mies, und mit den Lehrern stand er auf Kriegsfuß.

Ich rief die Lehrerin an und fragte, ob sie ihn kenne. »Und ob ich ihn kenne, der ist voller Widerspruch, ein schrecklicher Junge.« – »Ja«, sagte ich, »das kann ich mir denken. Kennen Sie sein Zuhause?« – »Nein, wo käme ich denn da hin?« – »Wo Sie da hinkämen, kann ich Ihnen sagen! Zu einem anderen Verständnis von Menschen und zu einer anderen Hilfe. Sie unterrichten gut Ihr Fach, alles andere interessiert Sie nicht. Wenn Sie zehn Jahre später in der Zeitung lesen, der Paul Soundso ist zu Jugendstrafe verurteilt, trinken Sie Ihren Tee, nehmen Ihr Brot mit Marmelade und sagen, ›sieh an, habe ich doch immer gesagt‹. Aber Sie vergessen zu sagen, daß Sie sich nicht um ihn gekümmert haben. Ich lade sie zu einem Tee zu mir ein, und wir werden die Sache besprechen. Sagen sie nicht, Sie hätten keine Zeit.«

Sie kam und begriff plötzlich sehr viel von ihrem Schüler. Nun beschäftigte sie sich mit ihm, besonders in den Fächern, in denen er schwach war, behandelte ihn freundlich und verständnisvoll. Mit der Mutter war nichts zu machen, aber der Junge wurde wieder lebendig.

Man kann so viel tun, wenn man ein bißchen über Menschen und ihre Schicksale oder ihr Karma nachdenkt. Nur sollte man bei allem eines nicht vergessen: Wenn der Engel uns das Band über die Augen legt, wird er sich dabei etwas gedacht haben. Wer der Lehre der Wiedergeburt nahesteht, kann dieses Bild leicht annehmen, wer nicht an sie glaubt oder sie gar für teuflisch hält, sollte eine andere Saite in sich anschlagen, sich ein anderes Denkmodell suchen.

Die Menschen, denen die jenseitige Welt nicht fremd ist, können mehr tun. Da gibt es etliche Möglichkeiten.

Eine davon sind Rückführungen, eine Art Meditation, die in frühere Leben geht. Ich halte sie allerdings nicht für gut. Man erlebt dabei oft schreckliche Dinge aus der eigenen Vergangenheit, die man vorher nicht kannte. Ich frage mich, wofür das gut sein soll. Was der Engel uns genommen hat, müssen wir respektieren, und ich tue das. Wir wissen, was gut ist, wir wissen, was böse ist, außerdem steht es in jedem Katechismus und in allen anderen Religionsbüchern. Also können wir das eine tun und das andere lassen.

Stefan Zweig hat das in seinem Buch »Die Augen des toten Bruders« so aufregend beschrieben. Wo er auch war, traf er auf Karma, zum Schluß hat er gebeten, die Hunde füttern zu dürfen, und selbst da war Karma. Es ist immer da. Letzlich geht es darum, in sich selbst das Wissen darum zu erwecken, was du tun sollst und was nicht.

Mit den Kriegen, die wir auch jetzt wieder erleben, ist es anders. Die Menschen sind noch nicht wirklich friedfertig, obwohl sie ständig davon reden, obwohl es in fast jeder Religion den Wunsch nach Frieden gibt. Die Juden sagen ›Shalom‹ als Gruß und die Moslems ›Salam aleikum‹. Es steckt noch in uns, das Kämpfenmüssen, um Familie oder Hab und Gut zu verteidigen und zu schützen. Kämpfen war indes nicht immer etwas Schandbares. Friede nach Möglichkeit, ja, wenn nicht, dann kämpfen, aber mit Mut.

Wenn immer Karma da ist, wo bleibt die Hoffnung, sich wieder mit Gott zu versöhnen?

Sie brauchen sich mit Gott nicht zu versöhnen, er ist ja nicht böse.

Auch nicht, wenn ich seine Gesetze verletze?

Auch dann ist er nicht böse, dann wirkt eben das Karma.

Wissen Sie, man kann nicht alles erklären. In unserem dreidimensionalen Denken wissen wir wohl, daß es noch andere Dimensionen gibt, aber was wissen wir damit von Gott? Nichts, nichts, außer dem, was in einigen religiösen Büchern steht.

Was wissen wir vom Tod, was wissen wir vom Leben danach? Was wissen wir von so vielen anderen Dingen? Paulus, der heilige Apostel, sagt es so: Solange wir hier sind, ist es, als blickten wir durch ein verschmutztes Glas. Später sei das Glas klar und wir sehen und erkennen sehr viel mehr. Für mich ist das ein kluges und schönes Gleichnis.

Was ist Ihre Lebensmaxime bei all dem, was wir nicht oder nur bruchstückhaft wissen? Was ist der Leitgedanke, der uns voranträgt in all dem Noch-nicht-Wissen?

Nun, genau das, was Moses in seinen zehn Geboten sagt oder Ashoka in seinen Geboten, Buddha in seinen Geboten oder Mithras in seinen Geboten. Sie sind alle ähnlich. Offenbar sind sie alle Gebote der göttlichen Ordnung für den Menschen. Nicht hassen, nicht klatschen, nicht verleugnen, nicht stehlen, nicht umbringen und sehr vieles mehr. Wenn das ein vernünftiger, bewußter Mensch liest, muß er ganz einfach Ja dazu sagen.

Aber auch Heilige oder Weise oder Yogis haben wohl noch Karma. Sie leiden und werden krank, wobei das Leid sozusagen schon etwas von ihnen abgerückt ist. Sie bejammern es nicht, schimpfen nicht über andere, nehmen es auf sich und tragen es würdig. Mehr können sie nicht tun. Sie sind inzwischen so weise, daß sie einfach wissen.

Wissen Sie, warum Sie die Querschnittlähmung zu tragen haben?

Ich weiß es nicht und würde sagen, daß ich in diesem Leben bestimmt nicht die Ursache für ein solches Schicksal gelegt habe. Also muß ich lernen, demütig zu sein. Ich habe verstanden, daß ich noch zu stolz war. Ich lerne nun, demütig zu werden und aus dem Rest meines Lebens etwas zu machen, und ich tue das. Ich jammere nicht, ich beklage mich nicht und ich bemitleide mich nicht. Ich weiß, daß es ein Auftrag ist, und den muß ich annehmen. Aber warum? Man hat so selten eine Antwort auf das Warum, und ich bin froh, daß ich es nicht weiß. Was hätte ich davon?

Erhalten Sie im Gebet Antwort?

Ich frage nicht. Ich bitte um inneren Frieden, und die Heiligen bitte ich, für mich um Fröhlichkeit und Heiterkeit des Herzens zu beten. Ich selbst habe nicht einmal darum gebeten, daß meine Schmerzen weggehen. Dankbar erlebe ich es als ein Wunder, daß ich in diesem Zustand noch soviel wirken kann. Nicht so viel wie früher, natürlich. Doch es kommen noch viele Patienten und sehr viele Freunde und Gäste zu mir.

Darüber bin ich glücklich.

8. KAPITEL

Fasten, Heilung und Abschied

Mit meinen 91 Jahren stamme ich aus einer Zeit, in der das Gros der Menschheit noch weitgehend in Einklang mit der Erde und ihren Erzeugnissen lebte und es noch keine so ausgeklügelte Lebensmittel-Technologie gab wie heute. Man aß Dinge, die einem jahreszeitlich und klimatisch geboten wurden, und erfreute sich daran. Allerdings gab es auch in jedem Jahr mit der Religion koordinierte, vorgeschriebene Zeiten strenger Enthaltsamkeit. Das übliche Essen fiel aus, und man durfte nur karge Lebensmittel zu sich nehmen. Kein Fleisch, keine Fette, keine Süßigkeiten, kein Alkohol; alles, was sozusagen die Höhe des Geschmacks bildete, fiel weg. Dieses Fasten wurde selbstverständlich in den Klöstern aller Religionen scharf observiert und eingehalten. Auch die Menschen außerhalb der Klostermauern, in den Dörfern und Städten, hielten sich an diese Regeln.

Wir freuten uns jedesmal auf das Fasten, denn es war auch eine schöne Zeit der inneren Einkehr. Man ging sehr viel in die Kirche, betete, beichtete, erforschte sein Gewissen und bat Menschen, denen man auf irgendeine Weise Unrecht getan hatte, um Verzeihung und suchte Harmonie mit allen. Auch mit seinen Tieren. Und man meditierte. Über allem, was man tat und dachte, lag ein großer Schleier geistigen Friedens. Der Heilige Geist schwebte wahrhaftig über uns, und wir fühlten uns näher zu Gott und näher zur Erde.

Es war eine wunderbare Selbstregulierung für den Körper und für den Geist. Ruhe kehrte ein in die Menschen, sie fluchten nicht, schimpften nicht, benahmen sich höflicher, und sie zankten nicht so viel. Fasten ist eine Übung der konsequenten Zurückhaltung für jeden

Menschen zu bestimmten Zeiten. Sich freiwillig zu meistern ist das Wichtige. In Freude und nicht in Qual, sonst ist es nichts wert. In diese Kategorie gehören auch die Gebote und Verbote der unterschiedlichen Religionen. Denken wir an das Essen von Schweinefleisch, das in der jüdischen und der moslemischen Welt aus hygienischen Gründen verboten ist. Schweine waren früher eher von Trichinen befallen und erzeugten Krankheiten von Trichinose. In heißen Klimazonen kamen sie häufiger vor als bei uns in kälteren Regionen. Das wurde dann religiös verbrämt und schlichtweg verboten.

Bei den Juden ist es noch weitreichender, sie haben nicht nur das Verbot für Schweine, sie haben auch das Gebot des »koscher«, das eine bestimmte Zubereitung der Speisen bedeutet. Milch darf nicht zusammen mit Fleisch gekocht werden, koschere Tiere, die nicht geschossen werden, schächtet man. Immer sind das Tiere, die Gras fressen und keine anderen Lebewesen, Tiere, die also nicht am Tode anderer Tiere teilnehmen. Das ist eine wunderbar weitsichtige Planung und ein bewegender Gedanke.

Die nicht am Tod anderer Tiere teilnehmen ... Was halten sie damit von sich fern?

Wahrscheinlich ist die Wesensart eines Tieres, das sich vom Fleisch anderer Tiere ernährt, anders als die eines pflanzenfressenden Wesens. Es ist sicher anzunehmen, daß zu einem sanften Gemüt auch die Sanftheit eines grasenden Tieres gehört und nicht die Wildheit reißender Wölfe und Füchse.

Nehmen wir Menschen, wenn wir Fleisch essen, ebenfalls die Angst des Tieres in uns auf?

Die nimmt man in sich auf, ja. Alles überträgt sich, das Gute und das Böse. Es ist so, daß böse Menschen oder

Tiere ihr Wesen auf andere übertragen, und die guten tun es in ihrem Sinne auch.

Interessant ist, daß in vielen Völkern bei der Begrüßung der Wunsch nach Gesundheit ausgedrückt wird. Auf russisch heißt es nicht ›guten Morgen‹ und nicht ›guten Tag‹ sondern ›sei gesund‹. Auch das römische Wort ›salus‹ bedeutet Gesundheit. In der Liturgie wird um langes Leben gebetet. Natürlich nicht nur zum Amüsement, sondern zum Arbeiten, Verantwortung tragen, auch zum Leiden, um sich selbst zu einer Vollendung zu bringen.

Langes Leben bekommt man nicht immer geschenkt. Jene, die Gifte zu sich nehmen, Zigaretten und Drogen, verderben ihr Leben schon sehr früh, die zu viel essen, machen es auch und die zu viel Alkohol trinken auch. Überall sind tödliche Gifte verborgen, die uns früher oder später zum Krüppel machen oder zum Sterben zwingen.

Unsere heutige Medizin hat den Hochmut zu glauben, wir wüßten und könnten fast alles. Immer wieder haben Ärzte das geglaubt. Vor etwa 450 Jahren sagte der französische Anatom Jacobus Silvius, die medizinische Wissenschaft habe nun ihren Höhepunkt erreicht, weitere und höhere Erkenntnisse und Fortschritte könne es nicht mehr geben. Welche Dummheit und welch ein Hochmut, was das Gleiche ist.

Es gab aber auch einen Paracelsus, der die Kräfte der Erde, die immer da waren, wiederentdeckte. Heute nutzt die Medizin wieder die Heilkraft der Erde. Ein großer Teil der industriell hergestellten Medikamente stammt ja aus Pflanzen und nicht nur aus chemischen Fabriken.

Es gibt auch die Abhängigkeit der Menschen von ihrer Krankheit und von ihrem Arzt. Ich bin mit vielen Ärzten befreundet, habe als Patient aber sehr wenig Ärzte gebraucht, da mir die Gefahr der Abhängigkeit bewußt ist. Ich höre, wie einer dies sagt und der nächste das, und damit wird manchmal genau das Gegenteil ausgedrückt. Das ist sehr fragwürdig und verunsichernd für den Pa-

Wenn ein Mensch von einer Krankheit überfallen wird, muß er entscheiden, ob er sie annimmt oder nicht. Die meisten nehmen sie nicht an und glauben, dagegen kämpfen zu müssen. Es gibt auch Menschen, die ihr Leiden kennen und tragen. Ich will nicht sagen, daß sie damit gesund werden oder integer, aber dieses Selbstverständliche, das Nichtklagen und das Beteiligtsein am Tragen der Krankheit, das zählt.

tienten. Man würde vermutlich schneller und harmloser an sein Ziel kommen, wenn man weniger chemische Medikamente nähme, die oft noch unerwünschte Nebenwirkungen haben.

Nun holt man also die Medizin der Natur wieder hervor und erforscht sie. Und es gibt beides: Einerseits ernsthafte pharmazeutische Firmen, andererseits ebenso ernsthafte Kräutermänner, Kräuterweiber oder Knochenmänner, wie man sie früher nannte. Das sind die Heiler aus dem Volk, die aus archetypischen Erinnerungen um die Pflanzen und ihre Wirkungen und natürlich auch um ihre Nebenwirkungen wissen.

Haben pflanzliche Rezepturen das auch?

Manchmal ja. Besonders, wenn man zuviel nimmt. Der Sprung vom Heil zum Gift ist nur ein sehr kurzer. Ich habe mein ganzes Leben kein Medikament genommen. Allerdings hatte ich es gut als Kind mit meinen beiden Freunden, den Hunden. Wenn ich Lebertran bekam, gab ich es ihnen, und sie waren glücklich. Mama sagte dann: »Mein Sohn nimmt es ohne Schwierigkeiten«, und ich lachte mir ins Fäustchen.

Wenn ich daran denke, wie viele Menschen sofort zum Arzt gehen beim kleinsten Wehwehchen, bei etwas Kopfschmerz, bei kleinen Wunden, dann bin ich sprachlos über die Unmündigkeit dieser Menschen. Bei uns früher ging das nicht. Wenn wir einen Arzt brauchten, dauerte es drei Tage, bis er da war, er hatte nur ein Pferd und einen Wagen und eine Entfernung von 80 km und noch mehr bis zu uns. Uns hat die Njanja versorgt mit ihren Kräutern, die sie vorsorglich gesammelt hatte.

Als Kind kannte ich nichts anderes. Immer habe ich Kräuter bekommen, Umschläge, und heilsame Blutegel wurden angesetzt. Heute weiß man davon wieder. Auch vom Schröpfen und Aufsetzen von heißen Gläsern. Die Gläser werden erhitzt und sofort auf die gewünschte

Körperstelle aufgesetzt. Sie saugen sich an und erzeugen auf diese Weise eine stärkere Blutzufuhr. Als der zweite Weltkrieg vorbei war, habe ich Lehrer gebeten, mir ihre Schüler für Wanderungen durch Wald und Wiesen anzuvertrauen. Wir gingen sehr oft in die Natur, um Kräuter zu sammeln.

Und Sie kannten alle Kräutlein?

Aber ja. Für Senfumschläge, die man gemacht hat, und vieles andere. In der Nachkriegszeit habe ich vielen Menschen damit helfen können. Medikamente gab es keine, Penicillin kannte man noch nicht, und Sulfonamide waren zwar gerade aufgekommen, aber nicht immer greifbar und viel zu teuer.

Führen Sie Ihre Patienten, die Sie heute noch betreuen, gelegentlich auch auf Kräutermedizin zurück?

Natürlich. Ich bin zwar Neurologe, aber wenn zum Beispiel Menschen mit offenen Beinen und Geschwüren kommen, suchen wir in meinem Garten nach den richtigen Kräutern, sie wachsen ja am Rande des Weges. Man säubert sie, macht zumeist Umschläge damit, und es gibt schnelle Besserung oder Heilung. Bei Husten bringt man Honig und kleingeschnittene Zwiebeln zusammen, läßt es ziehen und trinkt den Extrakt. Oder heiße Himbeeren oder Holundersaft. Es gibt noch und noch natürliche Heilmittel, die seit Jahrhunderten bekannt sind. Sie tauchen jetzt mehr und mehr aus der Vergessenheit auf.

Natürlich sind es nicht die Kräuter allein, die einen Menschen heilen. Es ist immer auch seine innere Bereitschaft dazu. Wenn er sich alleine fühlt, wird er schneller krank, depressiv, mißmutig und unzufrieden und tut sich selbst leid. Wird er abgelenkt durch Bekannte und Freunde, durch liebe Menschen, dann lebt er auf, dann vergißt er für eine Weile seine Beschwerden.

Aber es gibt ja auch eine Heilung von innen, durch die Gesinnung. Die meisten Menschen betrachten eine Krankheit als einen Einbruch, als ein Unglück in ihrem Leben. Doch es geht um etwas anderes. Wenn ein Mensch von einer Krankheit überfallen wird, muß er entscheiden, ob er sie annimmt oder nicht. Die meisten nehmen sie nicht an und glauben, dagegen kämpfen zu müssen. Es gibt auch Menschen, die ihr Leiden kennen und tragen. Ich will nicht sagen, daß sie damit gesund werden oder integer, aber dieses Selbstverständliche, das Nichtklagen und das Beteiligtsein am Tragen der Krankheit, das zählt.

Dann ist Krankheit immer so etwas wie Prüfung?

Natürlich kann es eine Prüfung sein, es kann aber auch eine Auswirkung von falschem Leben sein, von falschem Denken. Wie alles im Leben hat es wahrscheinlich mehrere Seiten.

Interessant ist ja auch unsere Sprache, wenn wir fragen: »Was fehlt ihnen?« Es fehlt dem Patienten tatsächlich etwas.

Es fehlt viel, es fehlt die Gesundheit. Die Sprache drückt es sehr genau aus. Ich hatte einen Schuldirektor, der Krebs bekam und zu mir sagte: »Ich komme zu Ihnen, damit Sie an meinem Kampf gegen die Krankheit teilnehmen.« Da habe ich ihn angesehen und sagte: »Solange Sie das so betrachten, kann sich nichts bessern. Warum Kampf? Sie können doch ja dazu sagen und es in sich umwandeln. Dann ist es kein Kampf.« Er hat es verstanden und ist nach einiger Zeit ganz leicht gestorben.

Er ›rang also nicht mit dem Tode‹. Auch diese Redewendung gibt es in der deutschen Sprache, und sie drückt sehr drastisch den Widerstand gegen den Tod aus.

Man kann nicht mit dem Tode ringen. Der Tod kommt und nimmt uns mit. Wieso mit ihm ringen? Es gibt nur einen Gewinner, und das ist der Tod.

In unserer säkularisierten Zeit ohne richtigen Glauben erleben wir die Überbewertung aller Annehmlichkeiten, aller Vergnügungen, aller selbstsüchtigen Ziele. Für viele ist es sehr schwer, von ihrem Leben Abschied zu nehmen, auch wenn es hart war. Weil sie sich fragen: »Was kommt danach?« Das Nichts schreckt sie genau so wie das Nicht-Nichts.

Es ist wohl das Nichtwissen, das uns ängstigt.

Ja, es ist das Nichtwissen. Andererseits weiß man schon etwas. Wenn früher einer durch Krankheit starb oder totgeschlagen wurde, dann war er tot. Heutzutage kommen die Ärzte mit Herzmassage oder setzen Bypässe rein. Schon lebt er wieder. Unzählige Menschen, die heute durch Gewalt zugrunde gehen, im Straßenverkehr, in der Industrie, durch Schlägerei, sind im Grunde bereits bewußtlos und tot. Wenn man sie ins Leben zurückruft, was ja passiert, dann hatten sie oft schon das Erlebnis des Sterbens. Und es ist sehr interessant: So unterschiedlich die Menschen sind, so einheitlich sind ihre Beschreibungen darüber. Es gibt kaum Abweichungen.

Ich selbst habe ein solches Erlebnis nach dem Tod meiner Frau gehabt. Eines Tages, im Auto, sah ich plötzlich nichts mehr, bin gegen einen Mast gefahren und war kurze Zeit bewußtlos. Ich sah eine Landschaft, wie ich sie nie gekannt habe, alles war in überirdisches, wunderbares, gleichmäßiges Licht getaucht. Ich vernahm schöne Musik, anders als die Musik aller Komponisten dieser Welt. Es war ein wunderbarer Zustand. Dann kam ich zu mir und kam auch ins Krankenhaus.

Nie habe ich dieses Erlebnis vergessen. Allerdings muß ich sagen, daß ich nie Angst vor dem Tode hatte. Weil die Russen das nicht haben. Ihnen wird ein ewiges, schönes Leben im Schutze der Heiligen versprochen. Darin gibt es weder Seufzer, noch Traurigkeit, noch Tränen, sondern ewiges Leben in Freude.

Nach dem damaligen Erlebnis kann keine Angst mehr kommen, weil ich weiß, Schöneres als das, was ich da drüben erlebt habe, gibt es nicht. Alle, die so etwas erlebt haben, berichten das. Von meiner Frau weiß ich es auch. Sie hatte öfter Ohnmachtsanfälle, kam nach einer Weile zu sich und fragte: »Wo bin ich?«- »Du bist zu Hause.« Ich fühlte jedes Mal, wie enttäuscht sie war. Dort, woher sie gerade kam, war es offenbar so viel schöner und wunderbarer, daß sie sehr traurig war. Ich spürte das, aber sie hat nie darüber gesprochen.

Glauben Sie, daß Sie in der Bewußtlosigkeit von damals so etwas wie den Tod vorerlebt haben?

Nein, ich habe nur gesehen und erlebt und gehört und kam wieder zu mir. Da war der gebrochene Mast, den ich angefahren habe, und das verletzte Knie, und dann war ich wieder da.

Das alles geschah, nachdem Ihre Frau gestorben war. Wie haben Sie miteinander gelebt? War es für beide eine glückliche Zeit?

Ja, wir waren glücklich miteinander, wie es sich für eine Ehe gehört. Es war ein sehr harmonisches und sehr schönes Zusammenleben. Sie war Engländerin von Geburt und Erziehung und ein sehr zurückhaltender Mensch. Sie war eine ganz wunderbare Porträt-Bildhauerin und Pianistin, spielte viel und gerne und gab auch Konzerte. Ich denke, sie hatte ein erfülltes Leben. Sie half mir in der Praxis, und alles was wir taten, machten wir zusammen, es war sehr, sehr, wirklich sehr wunderbar, so wie man es sich wünscht.

Gezankt haben wir uns ein einziges Mal, auf der Grünen Woche. Wir aßen ein Käse-Fondue; dabei nimmt man den Käse aus der Schüssel und dann ziehen sich Käsefäden. Ich sagte zu meiner Frau: »Du mußt das rollen« und wiederholte es einige Male, weil es nicht gleich bei ihr klappte, und da war sie böse. Wir haben eine Viertelstunde nicht miteinander gesprochen.

Uns verbanden Liebe, Respekt, gleiche Antennen, und vielleicht auch unsere ähnlichen künstlerischen Begabungen.

Woran ist sie gestorben?

Sie hatte eine Ohrentzündung, die sich auf das Gehirn übertrug, eigentlich eine Gehirnentzündung. Gott sei Dank nicht sehr lange, ungefähr zehn Tage. Sie verlor die Sprache. Es wäre furchtbar gewesen, wenn sie so hätte weiterleben müssen.

Was hat es für Sie als Arzt bedeutet, Ihrer Frau nicht helfen zu können? Sie sind Neurologe, Spezialist, der die Zusammenhänge von Gehirn und Nervenbahnen genau kennt?

Was wollen Sie machen? Zuerst holten wir den Ohrenarzt, der hat untersucht und uns aufgeklärt. Es ist ein Auftrag, und man muß ihn ertragen. Ehepaare sterben meist nicht gleichzeitig. Der eine geht früher, und wer zurückbleibt, den trifft es. Man muß es ertragen.

War es Ihr Gottvertrauen, das Sie in dieser Zeit ganz besonders gestärkt und getragen hat? Die Hoffnung, das letzten Endes alles, was geschieht, richtig ist?

Es ist nicht alles richtig. Es wird uns auferlegt. Es ist nicht alles richtig, aber zum Auflösen des Karmas, das aus der Vergangenheit kommt, gehören Leid, Prüfungen und die Ergebenheit in das kosmische Geschehen.

9. KAPITEL

Geheimnisse von Schlaf und Traum

Mir ist in diesen Tagen ein Gedanke gekommen, der mir bisher so nicht bewußt war. Es stimmt ja gar nicht, daß wir 24 Stunden am Tag unsere eigenen Herren sind. In den mehr oder minder acht Stunden unseres Schlafes sind wir es absolut nicht.

Ist in dieser Zeit ein Teil von uns auf anderen Ebenen?

Mehr als ein Teil von uns, es ist das Ganze, das Vollkommene. Im Schlaf gehe ich spazieren, kaufe ein und denke, ›du kannst ja gehen‹. Dann wache ich auf und fühle, daß es nicht stimmt. Oder wenn wir im Traum fliegen; da fliegt kein Teil von uns, es ist das Ganze. Man erlebt es leiblich, und das ist nicht nur ein Teil. Das sei erstmal den Materialisten gesagt.

Ein Freund meinte, es habe ihn gefreut, daß ich in einem meiner Bücher schrieb, das Ägyptische Traumbuch sei der »Urgroßvater« von Sigmund Freud.

Das stimmt. So, wie J.-H. Schulz das Wissen der Yogis in das Autogene Training einbezog, hat Freud die ägyptische Traumdeutung genutzt, um darauf seine Symbole aufzubauen. Ich halte das für Teilwahrheiten, die mir manchmal zu durchsichtig sind.

Neben der Traumdeutung gibt es noch ein anderes interessantes Phänomen: das der eigenen Traumlenkung. Können wir unsere Träume selbst lenken, während wir träumen? Kann man das trainieren?

Ein paar Yogis werden es können, das glaube ich bestimmt, aber jeder kann es noch nicht, bis jetzt.

Könnte man sich bewußt an Träume erinnern, wenn man
sich dies vor dem Einschlafen als Ziel setzt?

Das weiß ich nicht. Wenn sie sehr drastisch sind, erinnert
man sich an sie. Oder man wacht plötzlich auf und hat sie
vergessen. Aber immer hat man darin gelebt, gelitten,
Angst gehabt, sich gefreut, gelacht.
   Die Menschen heute brauchen für alles eine Erklä-
rung, wollen sie auch belegt haben, und das ist es, was
ich vermeiden will, denn man kann es nicht. Wir wissen
vieles noch nicht.

Daskalos, der geistige Lehrer und Heiler auf Zypern, be-
schreibt in seinen Büchern, daß er nachts häufig aus
seinem Körper aussteigt und in seinem Astralleib be-
stimmte Aufgaben übernimmt. Er geht zum Beispiel in
Krisen- und Kriegsgebiete der Erde, um dort Kranke, Ver-
wundete und Sterbende zu versorgen. Er verabredet das
sogar mit seinen Schülern, die eine ähnliche Bewußt-
seinsstufe haben wie er. Sie treffen sich außerhalb ihres
physischen Körpers. Haben Sie die Erfahrung gemacht,
bewußt aus Ihrem Körper auszutreten?

Ich denke nicht daran! Was soll ich für Hokuspokus mit
mir machen! Ich habe meditiert und bin manchmal in
eine Art Meditationsschlaf gekommen. Das war nicht
das Bewußtsein zum Austreten aus dem Körper. Und
dann da herumfliegen und mich in Dinge einmischen,
die mich nichts angehen, nein, das ist nichts für mich.
   Ich habe genug mit meinen Patienten zu tun. Und das
tue ich sehr gerne. Die meisten bringen ja ihre Spannun-
gen mit und lassen sie hier. Aber es bleiben keine ungu-
ten Gedanken an den Wänden zurück.

Tun Sie etwas dagegen?

Nein, das kommt nicht an, wissen Sie, diese Art Geister

fühlt sich nicht wohl hier, sie brauchen ihren Dreck und ihren Morast und denken, ›pfui Teufel, hier ist es zu nett‹.

Früher hielt ich sehr viele Vorträge, auch in der Kirche bei uns, die dann meist sehr voll war. Als ich hinausging, hörte ich hinter mir zwei Pastores sagen: »Was hat der schon anderes gesagt als wir? Und bei uns ist es leer.« Da habe ich innerlich gelacht und gedacht, ›wenn ihr das vergleicht...‹ Selbst die Geistlichen haben oft keinen Glauben. Bei mir ist es so, als käme ich grade fröhlich vom Tee mit dem lieben Gott. Das spüren die Menschen, und deshalb kommen sie. Aber erzähl das mal einem Pastor!

Alle Kreaturen Gottes, die Menschen, die Tiere, die Insekten, die Fische und die Pflanzen haben ihr Leben, haben seelische Erlebnisse, haben Schmerz, Freude oder Trauer, und alle haben nur einen beschränkten Raum für das Wachsein. Alle schlafen auf ihre Weise. Der Mensch schläft normalerweise sieben bis acht oder neun Stunden, die Pflanzen und die Tiere auch, manche Tiere sehr viel mehr. Nun denkt der Mensch, besonders der ungläubige Mensch, daß er der Meister seines Lebens und seines Schicksals sei.

Das ist er auch, jedoch in sehr beschränktem Umfang. In dem Moment, in dem ihm die Augen nachts zufallen, wird er von ganz anderen, unbekannten Kräften regiert. Er erlebt sie als absolut real. Seit uralter Zeit haben die Menschen nach dem Rätsel des Träumens gefragt und haben, als sie noch sehr primitiv waren, sehr primitive Antworten bekommen. Später wurde das viel komplizierter, und ich, der ich fast alle Bücher über Tiefenpsychologie gelesen habe, komme zu der ehrlichen Überzeugung, daß alle nur Stückwerk sind, wie so vieles im Leben.

Bei unseren Vorvätern waren es immer einzelne Auserwählte, Eingeweihte, weiß Gott nicht immer die geweihten Priester, oft Außenseiter, Schamanen, Kräuterfrauen oder Knochenflicker, die sich mit dem geschädigten Menschen beschäftigten und dabei Herausragendes schufen. Sie wußten auch über die Symbole der Träume Bescheid. In vielen Kulturen gibt es Traumbücher, mit deren Hilfe man den Traum deuten kann. Das Deuten beschränkt sich allerdings nur auf die Symbolkraft eines Traumes, man sollte es nicht wörtlich ablesen. Dem Träumenden werden Zeichen gesetzt, die er kennt oder erfragen kann, über die sich Bilder und Gefühle einordnen lassen. Diese Symbole betreffen nicht nur Vergangenes, sie haben auch eine präkognitive Kraft, eine vorauszeigende Kraft.

Natürlich ist jeder Mensch, ganz nach Entwicklung, beladen mit Freude, Liebe, Haß, mit Verfolgung, Unglück, Krankheit und mit Tod. So ist es natürlich, daß er davon träumt. Über die Träume kann er eine Brücke zu dem bewußt gelebten Leben schlagen. Zu den schlimmsten Träumen gehören die von Ausweglosigkeit, man läuft irgendwo hin, kommt an eine Mauer oder eine verschlossene Tür, läuft weiter und findet den Ausgang nicht.

Das ist eine symbolhafte Situation, in der der Mensch steht, die ihm zeigt, daß er mit seinem Schicksal, mit sich selbst und mit seiner Beziehung zu anderen nicht klarkommt. Im Traum wird ihm diese Unklarheit meist drastisch gezeigt.

Es gibt auch wunderschöne Träume! Ich träume manchmal, daß ich spazierengehe auf den Straßen und im Wald, obwohl ich seit Jahren gelähmt bin. Ich freue mich darüber, und wenn ich erwache, war es nur ein Traum, ein Erinnerungstraum. Es gibt auch Träume aus vergangenen Existenzen, die man intellektuell nicht verarbeitet hat oder verarbeiten konnte. Sie kommen wieder als etwas Beängstigendes, Schreckliches, die ein Geschehen der Vergangenheit sehr klar widerspiegeln.

Und es gibt Träume von Beglückung, Freude, Heiterkeit, innerer Wärme, die ganz wunderbar sind und wirk-

*Obwohl ich gelernt habe, den Dingen auf den Grund zu gehen,
kann ich nichts beweisen und will es auch nicht. Hinter jedem
Geheimnis kommt ein neues Geheimnis. ... Manchmal glauben
wir, in das eigene Schicksal oder in das eines anderen klug und
liebevoll eingegriffen zu haben. Wenn wir darüber tief nachsinnen, werden wir erkennen, daß es eigentlich nicht stimmt.*

lich esoterisch. Vielleicht sind sie Vorstufen dessen, was man später erleben wird, ich vermute es. Man muß sich aber klar sein, daß diese Dinge geschehen, ohne daß wir sie willentlich erzeugen, steuern oder verändern können. Wir sind ja in der Traumsituation die Beteiligten und können nicht zurückkurbeln zu unserer derzeitigen Person. Dennoch sind wir während des Träumens auch diese derzeitige Person. Sie unterscheidet sich jedoch von unserer Tages-Existenz, weil wir uns im Traum in einer anderen Existenz erleben. Eigentlich müßten wir zu einer größeren inneren Bescheidenheit gelangen und zu diesen Träumen Ja sagen, obwohl das genau genommen nicht geht. Wir können weder Nein sagen noch Ja zu unseren Träumen, denn wenn sie kommen, sind sie da.

Es gibt Menschen die behaupten, sie träumten nie.

Das kann wohl sein. Zum Teil sind es phantasielose Leute, zum Teil solche, die wirklich nicht träumen, und zum Teil sind es Leute, die ihre Träume einfach vergessen.

Es ist wichtig, endlich zu begreifen, daß unser Verstand und die unglückselige Ratio, die uns so viele Schwierigkeiten bereitet, seit wir sie auf den Thron gehoben haben, nicht ausreichen, um ein menschliches Leben zu leiten. So bleibt nichts anderes übrig, als Ja zu sagen. Träume entgegenzunehmen als etwas, das uns ganz persönlich geschenkt wird, um uns Gedanken zu ermöglichen, die diese Erlebnisse einzuordnen helfen.

Dann mit unserem Verstand.

Dafür ist er da. Der Verstand ist oft ein Hochstapler, der denkt, er könne alles. Da muß man wachsam sein, denn er kann nicht nur nicht alles, sondern vieles nicht! Wir alle kennen Menschen, die von sich glauben, sie seien selbstbeherrscht. Ihre Explosionen, ihre Wut, ihr Jähzorn, ihr Mißvergnügen, ihre Lieblosigkeit, ihre Konflikte mit der Familie zeigen es jedoch anders.

Da starb ein Mann, den ich sehr verehrte, ein Religions-Philosoph und Forscher, er hat wunderbare, kluge Bücher geschrieben, ein gütiger, freundlicher Mann. Ich hatte in einer evangelischen Akademie über ihn zu sprechen, was ich sehr gerne tat. Der Saal war voll, und Witwe und Töchter waren unter den Zuhörern.

Ich sah, wie sie während meines Vortrages wieder und wieder den Kopf schüttelten und dachte, ›was soll das?‹ Später sagten sie mir: »Sie haben ein wunderbares Bild von unserem Vater und meinem Mann geschildert, aber ich muß Sie enttäuschen, so war er nicht. Er war für uns eine Hölle. Gewiß, er war sehr klug, er hatte eine Anzahl von Schülern, die ihn verehrten, aber zu Hause war er ein Teufel. Er hat uns schikaniert, tyrannisiert, hat uns beschimpft, ohne nach dem Grund und nach der Wahrheit seiner Behauptungen zu fragen, und wir waren froh, als er starb.«

Sehen Sie, das gibt es sehr oft.

Die beiden Seiten in uns, das Gute und das Böse?

Ja, im selben Menschen. Das sehe ich als Arzt täglich und täglich. Auch bei Lehrern, Priestern, Professoren, Intellektuellen, die in ihrer Beziehung zu anderen Menschen auf einer höheren Stufe stehen wollen. Manchmal kann man helfen, nicht immer, und dann ist es erschütternd und bedrückend, was ein Mensch auf der materiellen Ebene oder auf der Ebene der Hierarchien aus sich machen kann, wie er sich als Gottes Kind, als Mensch, vernachlässigt und im Grunde keinen Unterschied zum Primitiven oder zum Affen zeigt. Meist stehen dahinter unbewußte und ungeklärte Ängste.

Die Ängste des Menschen sind immer voller Kraft. Angst ist eines der stärksten Motive im Menschen und im Tier.

Die Angst, nicht mehr zu sein?

Man soll nicht fragen, welche Angst. Früher sagten die Menschen, sie haben Angst vor dem Tod. Sie wissen meist nicht, wovor, es ist eine unbestimmte Angst. Heute sagen das viele nicht mehr, und inzwischen ist auch der Teufel pensioniert. Der kann also auch nicht der Grund für die Angst sein.

Mancher geht mit Alkohol dagegen vor, andere mit Drogen oder Therapien. Das eine hilft so wenig wie das andere.

Es kommt immer wieder zurück auf das Annehmen, auf das Bereitsein, das geschenkte Leben auf der Erde entgegenzunehmen und so gut wie möglich zu leben. Sich der höheren Macht unterzuordnen. Ich weiß, daß es sie gibt und geben muß, weil ich an Zufälle nicht glaube. Aber erklären kann ich es nicht, es ist genau wie mit dem Yoga.

Ich machte seit meiner Kindheit Yoga-Übungen und habe bestimmt großen Nutzen davon gehabt. Als Junge hatte ich Magengeschwüre, schwere vegetative Dystonie, Unregelmäßigkeiten des Nervensystems. Als ich anfing, Yoga zu machen, ist das nach und nach alles vergangen. Nun bin ich querschnittgelähmt, sitze nur wenige Stunden im Rollstuhl und den größten Teil des Tages liege ich im Bett. Dennoch ist meine Haut glatt und heil wie die eines Babys und überhaupt nicht durchgelegen.

Ich glaube, daß auch das mit dem Annehmen zusammenhängt, und dann auch mit Tun und Wissen.

Obwohl ich gelernt habe, den Dingen auf den Grund zu gehen, kann ich nichts beweisen und will es auch nicht. Hinter jedem Geheimnis kommt ein neues Geheimnis. Es ist wie der berühmte Schleier der Göttin Isis, wenn man einen Schleier wegnimmt, ist der andere schon da. So ist es in unserem Leben auch. Manchmal glauben wir, in das eigene Schicksal oder das eines anderen klug und liebevoll eingegriffen zu haben. Wenn wir darüber tief nachsinnen, werden wir erkennen, daß es eigentlich nicht stimmt.

Einst gab es einen Rabbi unter den Chassiden, der, als er jung war, durch Beten, Fasten und Helfen die ganze Welt verändern wollte. Nach und nach hat er eingesehen, daß er das nicht kann, und rief aus: »Jetzt versuche ich mich selbst zu ändern, aber auch das geht nicht.« Er erkannte das, und darüber kann man demütig werden. Zu glauben, man könne verändern, ist Hybris. Verändern kann allein Gott. Das hat nichts mit Fatalismus zu tun, es ist eine wirkliche, wahrhafte Erkenntnis aus dem Wissen um die Kreaturen und die Menschen. Es ist nicht einmal pessimistisch. Man soll das Gute immer wieder suchen, ohne zu wissen, ob man es wirklich findet.

Ist es auch Hybris, zu sagen, daß alles, was lebt, Gott ist? Also sind wir Menschen auch Gott?

Das ist die Meinung der existierenden Religionen, daß wir von Gott geschaffen, von Gott angestrahlt werden oder, wie Christus sagt, Gottes Kinder sind. Es ist das erstemal, daß so etwas gesagt wurde. Mit dem christlichen Anspruch, alle Menschen zu lieben.

Dann können wir eventuell doch verändern?

Manchmal kann man verändern, ja. Manchmal schafft man es.

Ich habe es immer wieder versucht. Jede Begegnung mit Kranken ist dazu da, die Knoten in seinem inneren, geistigen Sein zu finden, nicht nur die in der Haut. Beides ist wichtig.

Es hat manche Wandlungen gegeben, aber ich weiß nicht, ob sie angedauert haben, man verliert sich ja aus den Augen.

Und bei Ihnen persönlich? Gibt es Beispiele, die Sie nennen möchten?

Wissen Sie, sich in den Dienst der anderen Menschen zu stellen, sich selbst vollständig in den Hintergrund zu nehmen, das ist wichtig. Die das tun, sind Menschen, die diese Welt weitertragen. Wladimir Lindenberg steht hier nicht zur Diskussion.

Früher war ich natürlich, wie alle Jungens, ein ungezogener Bengel voller abenteuerlicher Ideen, die auch mal schiefgingen.

Was ist falsch daran?

Nichts ist falsch daran, aber ich habe daraus gelernt. Ein ungezogener Mensch ist immer falsch, er stört die anderen.

Da ich mich kenne, kenne ich die Menschen und höre nicht auf, sie zu lieben, obwohl ich ihren nominellen Wert sehe.

Glücklicherweise gibt es eine große Zahl von Menschen, heute mehr als je, die unter schwierigen Umständen ihr Denken gewandelt haben. Es sind sehr viele, aber der Teufel läuft immer hinterher. Wie sagen das wieder mal die Chassiden? »Wenn du wirklich versucht hast, dich zu ändern und der Stolz über dich kommt, dann nehmen sie ›da oben‹ deine Taten in die Hand, formen eine Kugel daraus und werfen sie dir wieder hinunter.«

Und dann geht's von vorne los?

Das weiß man nicht. Wenn uns Unfehlbarkeit und Eitelkeit packen, war es nichts wert. Und je leichter wir über diese Dinge schweigen, desto reifer sind wir.

10. KAPITEL

Meister und Einweihungen

Jedes lebende Wesen hat einen Schutzgeist. Ein Engel oder ein Genius führen es weise und behutsam durch das ganze Leben. Die Frage ist, ob man dieser Führung gehorcht oder nicht, ob man sie spürt oder nicht. Manchmal gibt es auch Menschen, die für eine kurze oder lange Zeit diese Aufgabe übertragen bekommen. Es sind dann Engel in menschlicher Gestalt, die an unserer Seite gehen.

Jeder kann sein Gespür dafür entwickeln, und es wäre gut, wenn die Menschheit sich darauf wieder besänne. Ich weiß, daß ich immer, mein ganzes Leben lang, unter einer höheren Führung stand. Ganz naturgegeben geschah das zuerst durch meine Mutter Jadwiga, durch die Njanja, meinen Vater Sascha, Onkel Iwan und Tante Ella, die Patenmutter, und Mister Wood, den Engländer. Es war auch Murr, der große, schwarze Kater, keiner konnte ernsthaft an seiner Abstammung von den ägyptischen Göttern zweifeln. Murr war ein prinzliches Wesen von großer Würde, Bedächtigkeit und Umsicht. Wir liebten ihn sehr. Er war der einzige unter den Tieren, der im Hause lebte, auf Njanjas Sofa schlief und der, typisch für Katzen, alles wußte, weil er überall hineinschaute. Er war zu uns nicht zärtlich, eher verhalten wohlwollend.

Eines Tages gab es zu Hause Aufregung und Geschrei. Ein junger Bursche hatte bei uns eine Stellung bekommen, ohne daß jemand wußte, daß er wegen Raubes aus dem Gefängnis entlassen worden war. Plötzlich verschwanden Dinge da und dort, und man fand sie in seinem Zimmer. Er wurde entlassen, und Njanja beschimpfte die Mama: »Was bist du für eine Herrin, die alles laufen läßt! Die Leute, die du annimmst, findest du alle nett und siehe da, sie bestehlen dich. Eines Tages werden sie dir noch die Kleider vom Leib holen. Du bist ja dümmer als Murrleka.« Wir Kinder hörten das und fragten: »Könnte nicht Murrleka Gutachter sein, wenn wieder Leute bei uns eingestellt werden?«

Mama willigte ein, und das nächste Mal stellte sich eine Lehrerin vor. Als alle am Tisch saßen, wurde die Tür geöffnet und Murrleka kam herein. Er wußte sofort, worum es ging. Es ist sehr komisch, aber Tiere wissen viel mehr als wir. Er blickte in die Runde, sah die Lehrerin, ging auf sie zu und sprang ihr auf den Schoß. Mama fragte: »Lieben sie Tiere?« – »Oh, sehr.« – »Lieben sie denn auch Kinder?« – »Oh, noch mehr.« Damit war sie engagiert, und genau genommen hatte es Murrleka entschieden. Kater Murr avancierte damit zu unserem Psychologen. Er war auch mein Lehrer, weil ich bei ihm lernte, wie man gelassen sein kann. Er aß nicht, wenn er satt war, und hatte eine unglaubliche Würde. Tiere sind später oft meine Meister gewesen.

Natürlich war auch Tolstoi mein großer Meister, ist es zeitlebens geblieben. Er besuchte Mama, und als ich ihn sah, dachte ich, ›das kann doch nur der liebe Gott sein‹! Als ich hörte, wie er so verzweifelt von dem Unglück mit seiner Frau sprach, ach, wie habe ich ihn dann beim Abschied gedrückt, um ihn zu trösten! Ich fragte: »Mama, war das der liebe Gott?« – »Nein, das war nicht der liebe Gott.« – »War es ein Heiliger?« – »Nein, er ist ein Mensch wie wir, aber er ist ein gütiger Mensch, ein großartiger Schriftsteller und Helfer der Menschheit.« Ich war sehr verwirrt. Gott war er nicht, heilig nicht, Mensch ist er, was soll denn das? »Siehst du«, sagte Mama, »du mußt noch lernen, daß in jedem Menschen viele unterschiedliche Seiten verborgen sind.«

Die Revolution zwang uns dann, Rußland zu verlassen. Ich wollte mich um keinen Preis von meiner Mutter trennen und mußte es dennoch tun. Damals gab es nur die Wahl zwischen weggehen oder erschossen werden.

Ich ging nach Deutschland, wo alles fremd für mich war, alles, die Sprache, die Schule, das Verhalten, die Strenge, auch das Essen. Sogar die Kirche blieb mir fremd, weil die protestantische Sicht meine Seele nicht erreichte. Dann die Schule mit alten, verbrauchten Lehrern. Wenn ich eine rote Krawatte trug, riefen sie: »Na, Sie Bolschewist?« Als Russe war man in ihren Augen eben Bolschewist. Natürlich lernte ich nach und nach, mich auf das Deutsche, das andere einzustellen und hatte wunderbare Menschen, die mir dabei halfen. Ein Erlebnis hat mich damals besonders berührt.

Es war in einem sehr heißen und trockenen Sommer in Köln, ich hatte großen Durst und ging in ein Lokal. Eine dicke, kleine Madame mit Dutt fragte mich: »Na, Jungchen, was willst du haben?« Ich bestellte Milch. Nun, man sprach ein paar Worte, dann sagte ich: »Nun müßte es aber bald mal regnen.« – »Ja«, sagte sie, »das glaube ich auch, aber was bist denn du von Beruf?« – »Ich bin Arzt.« – »Du Doofer«, sagte sie, »wozu brauchst du als Arzt Regen?« Das war fast ein Zen-Erlebnis für mich, eine sehr tiefe Erfahrung.

Die Frau hatte recht, es war Gequatsche, weil alle so quatschten, und ich brauchte keinen Regen. Ich habe sie lange immer wieder besucht und fuhr danach geglättet heim.

Manchmal frage ich mich, wann und wodurch eigentlich meine Beziehung zum Christentum begann? Ich weiß es heute nicht mehr. Sicher fing es damit an, daß Njanja und Mama mich zur guten Nacht bekreuzigten, auch zur Abreise und bei vielen anderen Gelegenheiten.

An meinem Bett im Kinderzimmer hing eine kleine Ikone mit einem bartlosen Christus, den ich sehr liebte. Wenn ich im Bett lag, blickte ich genau in sein Gesicht. Er beschützte mich, und seine Gegenwart war für mich deutlich spürbar.

Bei uns zu Hause wurde auch viel gebetet. Natürlich

ging man sonntags in die Kirche, hörte die zauberhaften liturgischen Gesänge und alle standen, egal welchen Ranges sie waren. Manche knieten oder legten sich auch auf die Erde. Bei der Beichte war alles von der Lehre und Gegenwart Christi durchdrungen. Es gab Klöster in unserer Gegend, die die Namen Jerusalem und Tabor trugen, so daß man denken konnte, hier habe vor 2000 Jahren die Wiege der christlichen Kirche gestanden. Und dann immer das wunderbare Glockengeläut, es war eine Verzauberung für mich!

Wenn ich etwas ausgefressen hatte oder etwas Unrechtes getan, fragten mich Njanja oder Mama manchmal: »Versuch dir mal vorzustellen, ob Christus so wie du gehandelt hätte?« Ich fühlte mich sehr beschämt und nahm ihn mir jedesmal wieder zum Vorbild für all mein Tun. So war er mir auch im Alltag nah, und ich erfuhr die Wahrheit seiner Worte »Ich bin bei euch alle Tage«. Die Menschen des Ostens glauben, daß Christus immer da ist, daß er jederzeit zurückkehren könnte. Die Frage ist nur, ob man ihn erkennt oder nicht, wenn er da ist. Die Bauern in Rußland aßen alle aus einer Schüssel und legten immer für einen eventuellen Gast ein bis zwei Löffel mehr auf den Tisch. Gast war der unsichtbare Christus! In vielen Varianten wird in Literatur und Dichtung beschrieben, wie jemand zu einem Bettler oder einem anderen Menschen unwirsch oder gemein war und voller Schrecken innehält: »Um Gottes Willen, wenn das jetzt Christus war!«

Diese unmittelbare Nähe war etwas Wundervolles.

Sie sagen, die Menschen aus dem Osten glaubten tiefer an das Evangelium. Unterscheidet sie das von den westlichen Christen?

Ja. Im Westen interessieren sich die meisten nicht dafür, was sie von anderen Christen wissen. Eigentlich sind sie Un-Christen. Aber in Rußland war es anders. Man betete auch zu den Heiligen, meistens zu seinem Schutzpatron. Man trug ja auch den Namen seines Schutzpatrons.

Ich heiße Wladimir, und mein Schutzpatron ist der heilige Wladimir, der Rußland taufen ließ. Jeder Name ist immer auch der eines Schutzpatrons. In Rußland konnte kein anderer Name genommen werden als der eines Heiligen. Es war ein sehr einfacher Glaube und eine ganz natürliche Nähe, Liebe und Verehrung. Das war etwas Wunderbares. Dazu kamen die Schutzengel, die im Westen auch ausgestorben zu sein scheinen. Es gab sie schon bei den Hebräern, bei den Babyloniern, den Ägyptern, bei den Assyrern. Überall gab es Schutzengel oder Genien, die uns beschützten. Mit ihnen standen wir auf du und du und liebten sie sehr.

Als Kind habe ich sie noch gesehen, ich weiß nicht, wie alt ich damals war. Sie saßen an meinem Bettende. Später habe ich sie nicht mehr gesehen, nur noch manchmal im Traum. Und dann gab es die Teufel, die man nicht so sehr mochte. Ich hatte mir zu ihnen etwas ausgedacht und gesagt, »das sind doch nur die armen Kinder vom Luzifer, der abtrünnig war und bestraft wurde«, und sie taten mir leid. In meinem Abendgebet habe ich für sie gebetet. Für alle Teufel habe ich gebetet, für die großen und die kleinen, die kleinen interessierten mich am meisten. Eines Tages sagte ich bei der Beichte: »Vater Wassili, ich bete auch für die Teufel.« Ach, der wurde beinahe ohnmächtig, bekreuzigte sich und schlug mir »pfui, pfui, pfui!« dreimal mit dem Kreuz auf den Kopf. »Das darfst du nicht.« – »Warum nicht, das sind doch gefallene Engel, sie tun mir leid, und vielleicht werden sie dadurch besser!« – »Das ist nicht deine Aufgabe.« Natürlich habe ich weiter für sie gebetet, und dadurch hatte ich vor den Teufeln eigentlich keine Angst.

Bei uns zu Hause gab es auch die Karliki, die Heinzelmännchen, überall schwirrten sie herum. Gesehen habe ich sie nicht, aber sie waren da. Manchmal stibitzten sie etwas und spielten damit, früher haben sie den Menschen geholfen, aber das ist lange her. Vor den Kakerlaken, die im Hause waren, hatte ich Angst; sie waren rotbraun oder schwarz und hatten Schnurrbärte. Einmal habe ich sie mit kochendem Wasser übergossen, und die Njanja schrie: »Wie kannst du das tun?« – »Sie sind doch so scheußlich«, rief ich. – »Sie sind die Garde vom Hausgeist, und wenn der böse wird und auszieht, ist das Haus leer und tot, dann gedeiht nichts mehr. Also laß den Unsinn.«

Den Hausgeist habe ich gesehen, wenn Njanja auf dem Sofa saß und in der Dämmerung Märchen oder Gruselgeschichten erzählte. Dann habe ich ihn gesehen, ob er es war, weiß ich nicht. Bißchen unheimlich war er mir.

Ist er ein guter Geist?

Er ist ein Schutzgeist. Wenn man in Rußland aus dem Winterhaus in eine Datscha fuhr, bat man den Hausgeist mitzukommen. Um ihn zu erfreuen, nahm man Asche und Kohlen aus dem Ofen, brachte sie an den neuen Ort, um das leere Haus mit Leben zu erfüllen.

Gibt es Häuser, die ein Schutzgeist meidet?

Ja, wo Putzteufel zu Hause sind. Da werden sie vertrieben.

Bei uns lebten Menschen und Tiere, Engel, Teufel und Erdgeister friedlich miteinander, und das war keine Frage des Glaubens oder wissenschaftlicher Untersuchung. Sie sind auch da, wenn man nicht an sie glaubt. Es gibt Häuser mit bösen Geistern, es gibt Häuser mit guten Geistern, und beides ist zu spüren. Man kommt hinein, kann kaum atmen oder man fühlt sich wie im Himmel.

Es ist der Einklang, die Einheit, die man fühlt, die der

Mensch, der dort lebt, in sich trägt und ausstrahlt. Wenn man das gelernt hat und beherrscht, muß man es den anderen zeigen und sagen.

Es freut mich zum Beispiel sehr, wenn Menschen, die ich zu mir einlade, an meinem Tisch glücklich sind, lachen und sich freuen, weil es ihnen schmeckt. Vielleicht empfinden sie diese Freude, weil man aus Tieren und Pflanzen etwas sehr Schönes machen kann, eine gute Speise, eine schmackhafte Nahrung, womit man die Tiere oder die Pflanzen auch ehrt, die uns ihr Leben gegeben haben. Der Indianer, der ein Karibu erlegt hat, kniet davor nieder und bittet es um Verzeihung! Wir bitten nicht um Verzeihung, wir knallen die Tiere einfach nieder, und das ist entsetzlich.

Dies sind Gedanken, die man sich einmal bewußt machen sollte. Sie sind es, die uns auf den Weg der Einweihung führen. Das ganze Leben ist im Grunde ein Weg zur Einweihung. Man kann auch sagen, es ist der Weg der Evolution vom dumpfen zum denkenden, zum handelnden Menschen. Oder wie es Teilhard de Chardin so wunderbar sagt, »der Mensch bewegt sich vom Tier hin zum Engel«. An unterster Stufe steht das emotionsgeführte Tier, es folgt Schritt um Schritt der Mensch, bis am Ende der Leiter ein Engel steht.

Sicher gibt es Evolution oder Initiation auf vielen, vielen Pfaden. Wenn wir das Entwicklungsbild unserer Menschheit verfolgen, gelegentlich zwar trotz seiner großen Einsichten auf den alten Darwin schimpfen, kommen wir an den Urmenschen, der wohl aus einer anderen Entwicklungskette von Tieren entstanden ist. Obwohl noch dumpf und emotional, hatten sie schon begonnen, Gemeinschaften zu bilden und zu begreifen.

Unsere Urväter der Evolution sind der Pithecanthropus, der Frühmensch oder der homo neanderthalensis. Er war anders als wir, obwohl er fast die gleichen körperlichen Merkmale wie der heutige Mensch hatte. Zur

Das sind hochinteressante Wege, die ein Mensch für seine
Entwicklung wählen kann. An ihrem Ende erreicht er eine
bestimmte Stufe der Weisheit, der größeren Geschicklichkeit,
und wenn die Fähigkeit damit einhergeht, vielleicht auch die
Verantwortung des Lehrers.

Auseinandersetzung mit der Umgebung kam dann die Herstellung und Benutzung von Waffen und Hilfsgeräten. Der Mensch fing an zu graben, zu pflügen, Tiere zu domestizieren, Pflanzen zu setzen und vielleicht zu züchten; das ist der homo faber, der Mensch-Schmied, der Handwerks-Mensch. Aus ihm entwickelte sich sehr langsam, was ihm auch heute nach seinem Verhalten und Auftreten weiß Gott noch nicht zusteht: der homo sapiens.

Lassen Sie mich mit einer Träne im Auge sagen, daß die meisten noch keine Menschen sapiens sind. Der wissende Mensch, der weise Mensch, ist noch eine Minderheit. Indes zeigt er einer Mehrheit den Weg der Evolution, den Weg der Initiation.

Auf der intellektuellen Ebene gibt es einen anderen Weg, der ebenso interessant ist. Es ist der Weg vom Schüler zum Professor. Erste Station ist der Kindergarten, dann Vorschule, Schule, dann kommt das Abitur und der Abgehende erhält das Reifezeugnis. Damit wird er für reif befunden, bestimmte soziale Verantwortungen in seinem Kreis, seiner Gemeinde, in Dorf oder Stadt zu übernehmen.

Wenn er Handwerker ist, gibt man ihm nach der Lehrzeit seine erste, zweite oder dritte Einweihung: das ist das Freisprechen vom Status des Lernenden. Am Ende der Rangfolge im Handwerklichen steht der Magister, der Meister. Er kann scheinbar mit den Materialien zaubern, Neues erfinden, Neues schöpfen.

All das sind immer Stufen von Entwicklungen in einem klugen System von Einweihungen.

In der universitären Erziehung, der spirituellen also, kommen noch der Doktor, der Gelehrte und der Professor, der Bekenner. Er geht über das Wissen hinaus, bekennt sich dazu und gibt es weiter.

Das sind hochinteressante Wege, die ein Mensch für seine Entwicklung wählen kann. An ihrem Ende erreicht er eine bestimmte Stufe der Weisheit, der größeren Geschicklichkeit, und wenn die Fähigkeit damit einhergeht, vielleicht auch die Verantwortung des Lehrers.

Neben diesen sichtbaren und gesellschaftlich festgelegten Wegen gibt es noch andere und nicht immer nachvollziehbare Möglichkeiten. Sie beschreiben die inneren Einweihungen, die sehr, sehr verschieden sein können. Beim Kind beginnt das Erleben der Welt mit dem Austritt aus der Gebärmutter. Es muß sich anpassen an eine ihm fremde, beängstigende Welt. Auch das Aufrichten, Krabbeln, das Stehen, das Gehen sind im Grunde immer Stufen der Einweihung. Ein Baby, das sich aufrichtet, freut sich über eine neue Beherrschung seiner selbst; das sind immer auch spirituelle Erfahrungen.

Eine zutiefst formende Stufe der Einweihung ist die erste, echte Liebe; nicht eine Promiskuität, sondern eine wirkliche Liebe, ein Umfassen des anderen Menschen. Sie läßt uns die Teilung von Ich und Du oder die Vereinigung von Ich und Du erleben, das Bewußtsein der Existenz des anderen und das Eingehen auf die Existenz des anderen. Beglückende Erfahrungen!

Welche Geschenke bringen uns Freundschaften mit weisen Menschen, die wir im Leben treffen. Ruhige, kluge Menschen, väterliche Gestalten, die uns Wegweisung, Schulung, Liebe und Behütung geben. Es ist außerordentlich wichtig, daß der Mensch in seiner frühesten Kindheit liebende Behütung erfährt, sich beschützt weiß und dadurch zu sich selbst größere Sicherheit gewinnt.

So geht es bis zum Engel, bis zum Weisen, dessen Art zu denken ganz, ganz anders ist. Anders als die eines Bekenners, Professors, Doktors oder Meisters. Das Denken eines Engels umschließt alle kardinalen, christlichen oder menschlichen Faktoren, umfaßt Selbstbeherrschung, Liebe, Freundlichkeit, das Eingehen auf andere Menschen, Geduld und Toleranz. Ein Lexikon voller wunderbarer Eigenschaften blättert sich auf. Erst wenn ein Wesen all dies in sich vereinigt, ist es eine wirklich väterliche Gestalt.

Glücklich jene, die das erleben, weil sie ein Gespür dafür haben. Den meisten fehlt es. Sie erleben es, nehmen es hin, denken nicht darüber nach und werden nicht belehrt.

Jene, die es bewußt annehmen, wissen in einer sehr persönlichen Weise um die Einwirkung der geistigen Mächte auf ihr Sein, ihr Mensch-Sein, denn sie erhalten Hilfen, die sehr weitgehend sind. Sie erleben, wie manchmal täglich, stündlich Kräfte und Hinweise kommen, die uns den Weg zeigen. Das geht bis in die kleinsten Dinge des Alltags.

Aber man sollte nicht nur einen Weisen als Helfer erwarten! Es kann auch ein Frosch sein, eine Spinne, eine Pflanze oder eine Blume. Kann ein Tier sein, das uns seine Freundschaft schenkt, und das ist immer eine große Gnade. Es kann ein Kind sein oder der Postbote. Immer, immer wieder können wir Hilfe erfahren. Aber wirklich genießen kann man sie erst, wenn man bewußt fühlt, daß es so ist.

Jemand, der sich diesen Erfahrungen noch nicht öffnen kann, winkt meist mit den Worten ›Schicksal‹ oder ›Zufall‹ ab. Ihm bleibt verborgen, daß er etwas sehr Wahres sagt. Es fällt ihm ja tatsächlich zu, und darum ist es sein Geschick und nicht der Zufall, den er meint. Wer sich nicht davon befreit, ein Geschehen gedankenlos als reinen Zufall zu betrachten, der verzögert seine Einweihung oder verhindert sie sogar. Er erkennt nicht seine Einbindung in das Gesamte. Der Bewußte weiß darum.

Ich hatte in meinem Leben gute Voraussetzungen für eine geistige Entwicklung, weil meine Mutter, mein Vater und die Kinderfrau in ihrem Herzen um diese Dinge wußten, sie lebten und mir liebevoll nahebrachten. Damit hatte ich von Beginn an Ehrfurcht vor diesen Mächten und die Bereitschaft, ihre Gegenwart als Geschenk anzunehmen. Das ist immer so geblieben.

Wenn ich jemanden kennenlerne oder Beziehung zu einem Menschen aufnehme, werde ich sehr bald gewahr, daß es ein Bote Gottes ist, und ich nehme ihn entsprechend auf. Vielleicht weiß ich noch nicht, wieso und wozu, doch ich fühle, daß es ein Auftrag ist, und das ist sehr beglückend.

Wer so denkt, entwickelt Kräfte in sich, die man esoterisch nennen könnte, die über die materielle Wirklichkeit weit hinausgehen. Es ist das Erspüren des anderen. In meinen Patientengesprächen habe ich immer erst die Ausstrahlung oder Einstrahlung des Menschen betrachtet, um ihn in der geistigen Welt zu orten. Dabei kam es schon manchmal vor, daß einer sagte »Sie haben mich ja gar nicht richtig untersucht, ich dachte, ich muß mich freimachen.« – »Sie mögen das gedacht haben, ich nicht. Ich gehöre noch zu den Ärzten, die mit ihren Augen, ihrer Nase und mit ihrem sechsten Sinn wahrnehmen. Schon wenn Sie in die Tür kommen, sehe ich, ob Sie scheu sind, ablehnend, mißtrauisch oder frustriert. An der Art, wie Sie die Schultern heben oder Ihren Mund formen, erkenne ich, wie es um Sie steht.« Wenn ich so mit meinen Patienten spreche, lächeln die meisten und können nichts damit anfangen. Der wichtigste Teil meiner Therapie ist da, wo der Funke überspringt und das Vertrauen beginnt. Es sind Erfahrungen, die wunderbar sind.

Ist das Intuition?

Wieso Intuition? Man kann es nennen, wie man will. Es ist einfach anerzogen durch ein sensibleres Denken und ein Einstellen auf den anderen Menschen. Das zieht sich durch mein ganzes Leben, und dadurch habe ich sehr viel Freude erlebt. Immer wieder.

Ich erinnere mich, daß zu meinem 90. Geburtstag Professor Otto von Simson, einer der großartigsten Menschen, die es gab, eine Laudatio für mich sprach. Ich hörte und hörte und dachte, ›wovon spricht er eigentlich?‹

Er sprach vom Kampf in Moskau, vom Gefängnis und von der Rettung vor der Erschießung, er sprach über die Flucht nach Deutschland, über die Nazizeit und das KZ, in dem ich gesessen hatte. Ich dachte ›ja, mein Gott, das hat es tatsächlich alles gegeben‹, aber ich empfand es nicht mehr als Wirklichkeit. Es war längst vorbei, verarbeitet und verlitten, und es schien mir, als sei es ein anderer, der das damals erlebt hat.

Das beschreibt, wohin manche Menschen bewußt gehen. Sie wählen den Weg der Wandlung, indem sie einen anderen Standpunkt einnehmen oder ›die Lichter in sich vertauschen‹. Karlfried Graf Dürckheim nannte es den Weg der Initiation und wollte damit den Menschen vor Augen führen, welchen Einfluß sie auf die Gestaltung ihres Lebens haben.

Nie aber sollte man sich auf seinen Lorbeeren ausruhen, weil man glaubt, die Vollendung gefunden zu haben. Es geht immer weiter. In der geistigen Entwicklung gibt es keine Grenzen und kein Ende. Die Geschichte kennt viele Beispiele von Menschen, die irgendwann von Hochmut ergriffen und stolz wurden. Wenn das geschieht, ist alles verloren, und die bisherige Entwicklung ist erstmal am Ende. Selbst Eingeweihte gab es, die in Hoffart verfielen und damit alles verspielten.

Kann man sich vor diesem Sturz mit Gebet oder Meditation bewahren?

Man kann, ganz bestimmt. Ich hoffe, daß ich nicht eines Tages so werde, aber man weiß es nicht, schließlich merkt man es nicht.

Auch nicht an der Reaktion der anderen Menschen?

Nein, man wird böse und stolz und weiß es nicht.

Ist die Führung durch die göttlichen Wesen auch dann noch in uns, wenn wir böse werden?

Gott, wer weiß das. Wir haben ja auch das Recht, böse zu werden.

Und wenn wir damit unseren eigenen Sturz verursachen?

Dann sind die geistigen Helfer leider ohnmächtig. Wenn der Mensch so außer sich gerät, ist nichts zu machen. Aber es ist schwer zu sagen, was wissen wir denn? Wir wissen ja nicht einmal, was am selben Tag mit uns passiert, und sind so eingebildet, daß wir glauben, unser Schicksal alleine zu meistern. Ein Ausrutscher auf einer Bananenschale kann uns zum Krüppel machen, man weiß das alles nicht, und es ist eine große Gnade, daß man nicht alles weiß.

11. KAPITEL

Liebe

Eine der bewegendsten Kräfte im Weltall ist die Liebe. In allen Religionen wird die Liebe zu Gott gefordert, gefolgt von der Liebe zum eigenen Besitz, zu besonderen bevorzugten Menschen, zur Familie, zur Heimat. Im Laufe unserer Entwicklung, unserer Bewußtwerdung, mündet sie in die Fähigkeit, alles zu lieben, alles, was da ist, alles, was existiert. Die großen Mystiker, die Heiligen, lebten diese Liebe und waren den anderen Menschen damit Vorbild für das eigene Leben.

Einer der größten Heiligen war der heilige Franziskus von Assisi. Seine Liebe besaß eine überragende Kraft. Sie war so beispielhaft, daß Tausende von Menschen im Angesicht dieser Liebe, Fürsorge und Opferfähigkeit ihr nachfolgten und Mönche wurden.

Im Grunde ist jede Beziehung eines Menschen zu Wesen und Dingen auf Liebe und liebende Fürsorge begründet. Erziehung von Kindern und Jugendlichen ist ohne Liebe nicht denkbar. Wo diese Liebe des Menschen aber zu seinen Tieren, seinen Pflanzen, seiner Erde, seinem Beruf und allen anderen Dingen lebendig ist, gibt es in seinem Leben Frieden und Freude.

Dort, wo Liebe nur der Erfüllung persönlicher Wünsche nach Besitz oder Sexualität dient, ist sie lediglich Selbstliebe. In Unkenntnis und Arroganz bezeichnen wir manchmal eine besonders tiefe Liebe als Affenliebe. Wir tun das, obwohl wir sehr viel über die faszinierende Lebens- und Verhaltenswelt der Affen wissen, und daß ihre Liebe oft größer und stärker ist als die der Menschen. Tiere empfinden es als normal, ihr Leben für ihre Kinder herzugeben, und es erfüllt uns mit Rührung, wenn wir in Erzählungen oder Filmen davon hören.

Bedingungslose Liebe findet man bei Tieren weitaus häufiger als bei uns Menschen. Auch im Zusammenleben fühlen wir oft mehr Wärme, Treue, Liebe und Zärtlichkeit vom Tier zum Menschen als umgekehrt. Welche Ignoranz verbirgt sich hinter dem noch immer existierenden kirchlichen Postulat, Tiere hätten keine Seele! Jene, die ein enges Leben mit Tieren kennen, wissen, wie stark ihre Liebe zu den menschlichen Freunden ist. Sie geben sich dem Menschen, der für sie sorgt und dem sie vertrauen, ganz und gar hin. Wie oft geschieht es, daß ein Tier nach dem Tode seines Herrn an die Grabstelle geht, um dort zu sterben, weil es nicht ohne ihn leben will.

Wenn in den Familien der Menschen eine aufrichtige, den anderen schützende Liebe gelebt wird, herrscht Friede. Ich kenne befreundete Familien, in denen Eltern und Kinder in Achtung und Liebe zueinander stehen und nicht alle Augenblicke über irgendeine Äußerung beleidigt sind. Ihr Inneres sagt ihnen: »Zu diesen Menschen gehöre ich, diese Menschen stehen immer zu mir.«

Auch die Art der Betriebsführung in Fabriken und Geschäften erlebe ich aus der Ferne mit. Es gibt Menschen, die gehen zum Arzt, um sich krankschreiben zu lassen. Da man nicht jede Krankheit sofort erkennen kann, ist der Arzt auf die Aussagen der Patienten angewiesen und muß sie mehr oder minder glauben. Ich habe im Laufe meines langen Lebens schnell gelernt, daß die Art des Krankseins sozial oder antisozial sein kann.

Es gibt dazu eine Parabel von Martin Buber: Ein Rabbi stellte einen jungen Mann bei sich im Laden ein und beobachtete ihn bei seiner Arbeit. Anfangs tat sich der Junge schwer und sagte den Leuten: »Nein, das ist nicht da.« Dann kam der Zeitpunkt, da er sagte: »Wir haben das nicht.« Als er ›wir‹ sagte, sah der Meister, daß er sich mit dem Geschäft identifizierte, und von da an ließ er ihm freie Hand. Es ist wirklich wunderbar, daß es auch solche Menschen gibt.

In meiner Praxis erlebe ich Patienten, die ich fast mit Gewalt ins Bett stecken muß, wenn sie krank sind. Dann höre ich: »Das geht nicht, der Chef braucht mich, er ist immer gut zu mir und es wäre Verrat, wenn ich ihn jetzt allein ließe.« So etwas gibt es auch. Natürlich soll man sich, wenn man wirklich krank ist, ein paar Tage hinlegen und kurieren. Nur, es sollte keine Flucht in die Krankheit sein, um die eigene Lustlosigkeit auf Kosten der anderen zu pflegen.

Wir haben zwar Schulen und Fachschulen, auch Universitäten, aber wir haben keine Schule zur Pflege der Gemeinsamkeit, keine Schule für Menschen, die heiraten wollen, und wir haben erst Recht keine, die Kinder auf die Lebensaufgaben vorbereitet. Deswegen geht das Wissen darüber verloren, und die Menschen werden neurotisch, unglücklich oder krank. Viele Krankheiten führen zu schweren Veränderungen in der Physis des Menschen. So wie es eine chronische Magersucht des Körpers gibt, so gibt es die Magersucht der Seele, die eine chronische Liebesmagersucht ist. Sie ist weit verbreitet, und es ist wirklich traurig, weil diese Kranken nur auf sich selbst gestellt sind und nirgendwo Hilfe erhalten. Es ist so wichtig, daß man lernt, den Menschen etwas Liebe und Vertrauen entgegenzubringen.

Natürlich ist es die Aufgabe des Arztes, des Lehrers, der Krankenschwestern, der Eltern und Großeltern, sich um die nahestehenden Menschen zu kümmern. Das wird nicht immer getan, weil die meisten mit sich selbst beschäftigt sind oder ihrer Selbstverwirklichung nachgehen, die, wenn sie zu Lasten anderer geschieht, eine Fehlkonstruktion ist.

Ich hatte eine epileptische Patientin, die primitiv grob war und überall aneckte und schimpfte. Sie kam ins Wartezimmer und fragte: »Wer ist hier der Letzte?«, die Leute sagten: »Sie«, und schon ließ sie eine Kanonade von Schimpfworten auf diese Menschen los. Wenn sie in die Sprechstunde kam, sagte meine Frau zu mir: »Wir wollen sie vorziehen, sonst gibt es die ganze Zeit Krach.«

Eines Tages ist mir der Kragen geplatzt: »Hören Sie zu, Sie sind krank, das wissen Sie, das weiß ich auch, Sie bekommen Medikamente, ansonsten sind Sie körperlich gesund. Sie erhalten eine ausgezeichnete Rente, haben eine Wohnung, Sie haben eigentlich alles, was der Mensch braucht.« – »Ja«, sagte sie, »aber ich habe niemanden, der mich liebt.« – »Wenn sich jemand so garstig benimmt wie Sie, dann ist es kein Wunder, daß sie alleine sind. Sie wohnen in einem Haus mit 6 Stockwerken; kennen sie eigentlich die anderen Mieter?«

»Nein, warum sollte ich sie kennen, diese Halunken!« – »Sehen Sie, für Sie sind es Halunken und für andere sind es Familien. Jetzt passen Sie mal auf: Sie ziehen sich hübsch an, gehen von Wohnung zu Wohnung, klingeln und sagen: ›Ich bin Frau Soundso und ich bin alleine. Ich könnte babysitten, ich kann auch stricken oder mit dem Kind spazieren gehen, ich könnte ihnen helfen.‹«

Als sie das nächste Mal kam, fragte ich sie, ob sie das befolgt hat. Sie sagte »Nein!« – »So«, sag ich, »wenn ich das nächste Mal höre, daß Sie immer noch nicht bei den Leuten waren, dann suchen Sie sich bitte einen anderen Arzt.«

Ein paar Tage später kam sie strahlend wieder, sie hätte babygesittet, das Kleine hätte sie umarmt und ›Tante‹ genannt und so was Süßes und so was Reizendes. Das ganze Haus profitierte nun von der Hilfe dieser Frau. Zu Weihnachten erzählte sie mir, ihre Wohnung sehe aus wie ein Blumengeschäft, und alle liebten sie. Von da an war sie eine glückliche und zufriedene Frau. Und am Anfang hatte ich gedacht, ›die wird nie anders‹.

So habe ich immer wieder erlebt, daß Menschen sich durch Liebe wandeln. Kürzlich an einem jungen Mann, der mit seinem Vater ständig Streit hatte. Der Vater war sehr streng, war verbittert. »Mein Vater schimpft immer.« Da sag ich: »Hast du denn mal nachgedacht, warum und wieso? Vielleicht kommt er abends nach Hause und trifft nur auf eure unfreundlichen, ablehnenden Gesichter?«

Kurz danach rief er mich an, es ginge sehr viel besser mit der Familie, es habe aufgehört, so zu krachen, »wir verstehen jetzt unseren Vater besser, er ist unglücklich in seiner Arbeit und fühlt sich nicht anerkannt«.

Immer, wenn Menschen zu Bewußtsein kommen und erkennen, daß ihre Unzulänglichkeit die Zustände mitverursacht, verändert sich etwas. Jeder ist schuld an dem, was er produziert. Wenn mehr Menschen sich bewußt wären, daß das Glück einer Familie, einer Gemeinschaft oder an der Arbeitsstelle von ihrem eigenen Verhalten abhängt, würde es weniger Unglück und Verzweiflung geben. Man kann ihnen den Weg dahin zeigen. Gehen müssen sie ihn selbst. Manche begreifen das und lernen es, andere nicht.

Liebe beginnt immer mit der Liebe zu Gott, die viele Menschen nicht mehr aufbringen. Diese Liebe umfaßt alles, was uns umgibt, alles, was ist, auch die ganz kleinen Dinge des Alltags.

Liebe auf der allumfassenden Ebene ist uns durch Christus geschenkt worden. Sein ganzes, kurzes Verweilen auf dieser Erde galt der Liebe. Der Liebe zur Kreatur, zum Mitmenschen, und in erster Linie der Liebe und dem Vertrauen zu Gott. Es ist wunderbar, wie seinerzeit das Bekenntnis zu Christus und zu seiner Liebe die Welt verändert hat. Denn es war nicht nur eine Religion der Armen und Elenden, sondern genauso die Religion der Reichen und Mächtigen. Höchste Würdenträger im römischen Reich, Beamte, Politiker und Heerführer wurden Christen und veränderten das öffentliche Leben derart, daß es dem Staat gefährlich wurde.

Liest man die Geschichten der Heiligen des 1. und 2. Jahrhunderts, so ist man ergriffen von der Macht der göttlichen Liebe, die Jesus Christus brachte. Leider wandten sich die Menschen bald wieder von ihr ab, und es gab wiederum Sklaven, Leibeigene und mehrere Gesellschaftsklassen.

Christus hat uns vorgelebt, daß es auch anders geht. Seine Gemeinschaft mit Jüngern, Schülern und Nachfolgern ist geprägt von selbstloser Liebe, Selbstaufopferung und vom Tragen der Last des anderen. Es ist ein wirkliches Phänomen.

Auch die Liebe in der Familie war geprägt von Toleranz, Höflichkeit und Achtung zueinander. Dieses innere Gesetz ist über die Generationen gewachsen.

Man kann nicht sagen, daß die Kirche viel Liebe unter die Menschen gebracht hat. Fast immer gab es Streit und Haß zwischen den verschiedenen Gruppierungen, den Katholiken, den Orthodoxen, später den Albigensern, Lutheranern oder Calvinisten. Immer war Machthunger eine Triebfeder. Man versetzte sogar Feiertage und Sterbetage von Heiligen, um nicht gemeinsam feiern zu müssen.

So geschah es auch mit dem Weihnachtsfest. Weihnachten war nicht so gedacht, wie wir es gelernt haben. Es war der Tag des Mithras-Kultes und des Zend-Avesta, der persischen Religion, die einen riesigen Anhang hatte. Man zelebrierte den Tag des unvergänglichen Lichtes.

Die Christen haben Christi Geburt willkürlich auf diesen Tag verlegt; es war ein Propagandatrick, um zu profitieren. Solche Dinge sind häufig passiert. Typisches Beispiel: Die orthodoxen Kirchenfürsten lehnten die Veränderung des Kalenders nach der Revolution 1917 ab, und so feiern die Russen die Geburt Christi 13 Tage später. Das scheint sich jetzt durch die ökumenische Arbeit der christlichen Kirchen zu wandeln.

Ich habe mich nie an dieses starre Denken gehalten. Seit fast 80 Jahren lebe ich als Gast in Deutschland und feiere Weihnachten, wenn die Deutschen es feiern, auch die österliche Auferstehung.

Aber im Grunde wissen die Menschen nichts von der Würde, die
einer wirklichen Liebe innewohnt. Sie umfaßt die Haltung und
Gesinnung eines Menschen, der sich seines göttlichen Ursprungs
bewußt ist und danach lebt. Er achtet die Gebote der Religionen,
er kennt die Würde des einzelnen und lebt in liebevoller
Gemeinschaft mit den Menschen und mit der Natur.

Sie sehen, wie unlogisch und verbohrt führende Kirchenleute auch heute noch sind. Weil ihnen die Liebe fehlt. Sie lieben ja nicht ihre Feinde, wie Christus gesagt hat. Im Gegenteil: Sie versuchen sie zu eliminieren und zu vernichten.

Dann gibt es die andere Liebe, nennen wir sie die aktuelle Liebe. Es ist die Liebe der sogenannten Liebenden. In früheren Zeiten war sie oft eine Farce. Meist sahen sich die Brautleute am Verlobungstag zum ersten Mal. Wichtig für eine Vermählung waren damals Geld, Würde, soziale Stellung, an Liebe wurde überhaupt nicht gedacht und an die Kinder, die aus dieser Verbindung entstehen würden, erst recht nicht. Das hat sich Mitte des 19. Jahrhunderts geändert.

Ich hatte in meiner Familie ein solches Ereignis, das ich sehr liebte. Es war Alexej Bogdanowitsch Tschelischtschew, der von Zar Peter III., dem Mann von Katharina I., zum Essen eingeladen wurde, allein, von Mann zu Mann.

»Hör mal«, sagte der Zar zu ihm, »du bist jetzt die längste Zeit Junggeselle gewesen. Du wirst nun meine Cousine Wawara Gräfin Gendrikowa heiraten.« Gendrikow war ein Bauer, ein Bruder der Kaiserin Katharina I., die eine einfache Magd gewesen war. Sie ließ ihre Verwandtschaft nach Petersburg kommen, und alle haben sehr gut in die alten, adligen Familien eingeheiratet.

Unsere Familie zeichnet sich durch einen übermäßig großen, empfindlichen Stolz aus, und so sprang Alexej auf, zog seinen Säbel, schlug auf den Tisch und rief: »Niemals, niemals!« Die Wachen wurden gerufen, und er kam in den Kerker.

Kurze Zeit später wurde Zar Peter III. ermordet. Alexej kam frei. Nach einem Trauerjahr gab es den ersten Ball in Petersburg, und er ging mit seinem Vetter, dem Fürsten Chowanski, durch den Saal, sah ein Mädchen und sagte: »Das wird meine Frau.« Da lachte der Fürst: »Du bist ein Blödrian, für dieses Mädchen hast du beinahe deinen Kopf verloren.« – »Wieso?« – »Das ist die Wawara Gendrikowa!«

Sie lernten sich kennen, waren unglaublich ineinander verliebt und heirateten. Er wurde Oberster Hofmeister, ein ganz hoher Posten bei Hofe mit ständigem Zugang zum Zaren, die Kaiserin nannte ihn ›mon cousin‹, und es war eine wunderbare Ehe. Allen adligen Kindern, die sich den Heiratswünschen ihrer Eltern nicht beugen wollten, wurde später diese Geschichte von Alexej und Wawara erzählt.

Mit der Zeit wurden mehr und mehr die Regeln des Matrimoniums gelockert. Die Herren machten Seitensprünge, die Damen sicherlich auch, und eine Ehe existierte oft nur noch zum Schein. Nach dem ersten Weltkrieg sind die Leute dann richtig übergeschnappt. Man erzählt sich, daß es die Generalstöchter am tollsten trieben. Und heute ist es nicht sehr viel anders. Man geht mit jemandem ins Bett, wie man einen Bonbon ißt. Das ist keine Liebe. Wenn überhaupt, ist es nur ein kurzes Vergnügen. Tatsächlich ist es eine Entwürdigung des Menschen, der den Akt der Liebe zur bloßen Kopulation entwertet und den Gedanken an Nachkommen, an Kinder, ausklammert oder riskiert.

Ist das die Liebe, die Christus gemeint hat? Ich möchte sagen: Nein! Es hat damit kaum noch etwas zu tun, weil es zum Sport geworden ist. Darum ist es sehr schwer, sich über Liebe in ihrem göttlichen Sinne verständlich zu machen.

Obwohl sich insgeheim jeder nach ihr sehnt.

Alle sehnen sich danach, aber ja, alle, und manchem wird sie zuteil. Aber im Grunde wissen die Menschen nichts von der Würde, die einer wirklichen Liebe innewohnt. Sie umfaßt die Haltung und Gesinnung eines Menschen, der sich seines göttlichen Ursprungs bewußt ist und danach lebt. Er achtet die Gebote der Religionen,

131

er kennt die Würde des einzelnen und lebt in liebevoller Gemeinschaft mit den Menschen und der Natur.

Ich halte mein Haus frei von schlechten, bösen Gedanken, von Schimpfen oder von Fluchen. Viele tun das nicht. Wenn sie außer sich geraten, also aus ihrem Inneren heraustreten, verursachen sie schlimmen Gestank, weil sie ihre wilden Tiere aus sich herauslassen, die schimpfen, schreien, schlagen, die Mordgedanken haben, Mordgelüste, Mordträume, Untreue, Lieblosigkeit, was es auch sei.

Zu mir kommen nur Menschen, die etwas von dieser göttlichen Art zu lieben und von dieser Würde wissen, und deren Familien eigentlich durchweg in Ordnung sind. Es ist eine andere Sorte Mensch. Davon gibt es zwar schon recht viele, aber noch immer nicht genug. Die Liebe formt sie und ihre Kinder. Sie sind glücklich, daß sie den Schutz der Eltern genießen und in dieser Atmosphäre aufwachsen dürfen.

Die Menschen sollten endlich in ihr Bewußtsein rükken, was sie aus sich machen könnten, und daß alles, was sie tun, sich auf ihre Umgebung auswirkt.

Immer ist es die Frage nach der Metanoia, ob wir bereit sind, umzudenken, oder nicht, ob wir reif genug sind, unser Inneres zu erforschen, oder nicht. Selbst wenn wir uns gelegentlich mit Schrecken von uns abwenden. Erst das bringt die Metanoia, die Wandlung in uns, hervor.

Briefe an Wladimir Lindenberg

P. K., Freiburg   6. September 1992 (Auszug)

Lieber Wladimir Lindenberg,

Ihnen begegnete ich vor nun fast 30 Jahren in Ihrem Buch »Die Menschheit betet«, als ich etwa 10 Jahre alt war. Seit ich dieses Buch las, wußte ich, daß alles, was ich damals empfand, dachte und erfuhr, die Wahrheit war, auch wenn alle in meinem Umfeld diese Wahrheit nicht mit mir teilen konnten. Und es gab solche Momente noch so oft in meinem Leben, daß ich zweifelte, ob all das, was in meinem Innern wuchs und sich mir offenbarte, die Wahrheit oder eine Täuschung war. Und oft geschah es, daß mir just in solchen Situationen ein Buch von Ihnen in die Hände »fiel«. Dann erfuhr ich geistige Annahme, und ich konnte zu mir sagen, siehst du, es gibt noch jemanden, der so denkt und empfindet wie du. Das war mir stets ein großer Trost.

Ich erinnere mich an eine Begebenheit, die mich noch heute immer wieder aufs neue ergreift. Eine von mir sehr geliebte Tante hatte Krebs und ich saß bei ihr zu Hause zu einem unserer letzten Gespräche. Sie war sehr klar und wußte, daß sie bald hinübergehen würde. Es war Frühling, und sie zeigte mir einen kleinen Engel, den ich ihr einmal zu Weihnachten gebastelt hatte und den sie nur Weihnachten aufstellte. Sie sagte mir, sie habe diesen Engel diesmal nicht mehr einpacken können. Dann gab sie mir zum Abschied Ihr Buch »Gottes Boten unter uns«.

Sie war eine strenge »Lutheranerin«, und so war unsere ganze Familie von puritanisch-intellektuellem

Geist. Um so mehr freue ich mich über andere Klänge und ganz besonders über den Wandel meiner Tante. Ihre Tochter schenkte mir aus dem Nachlaß eine Sprechplatte von Ihnen, die mein 12jähriger Sohn Daniel mit Hingabe hört. Immer wieder begegnen Sie mir, so z.B. in Ihrem Buch »Wolodja«, in dem Sie über Ihre Bonner Zeit schreiben.

Auch ich lebte mit meinen Eltern für viele Jahre dort und absolvierte ein Jahr meiner Krankenschwester-Ausbildung. Immer wieder habe ich in meiner späteren Arbeit erfahren dürfen, daß Körper, Geist und Seele untrennbar verbunden sind. Welch eine Qual für uns alle, wenn wir es leugnen!

Voller Eifer arbeitete ich in der psychosomatischen Medizin, mußte aber auch dabei erfahren, daß die guten Ideen und lebendigen Ansätze durch eine neue »Wissenschaft«, die Psychologie, geschluckt wurden. Es ist schon manchmal hart, in dieser Zeit Zeuge zu sein, wie das Wahre überall mit Füßen getreten wird und wie ohnmächtig man sein kann in seinem Beruf.

Ich muß Ihnen gestehen, lieber Herr Lindenberg, daß ich die gute, geduldige Schwester nicht mehr sein konnte und mich deshalb in die Nachtwache der Kinder- und Jugendpsychiatrie zurückzog. Hier durfte ich wieder die Anwesenheit von Engeln oder geistigen Wesen erfahren, denen ich bei Sterbenden immer, oft unbewußt, begegnet bin.

In Somalia verhungern die Menschen, weil ihr Körper keine Nahrung erhält, und hier in der Klinik verhungern die Kinder geistig. Wir leben in einer Zeit, in der in Europa fast alles zu haben ist, nur das EINE nicht. Den wenigsten ist es leider bewußt.

Da gab es einen 11jährigen Jungen bei uns mit der Diagnose einer schweren Psychose, es hieß, er habe so gut wie keine Heilungsaussichten. Ich hatte sofort einen seelischen Draht zu ihm und schrieb in sein Poesiealbum ein Gebet, das ich ihm einmal vorgelesen hatte. Das Poesiealbum machte die Runde bei meinen Kollegen, und obwohl es niemand aussprach, spürte ich ihre Befangenheit mir gegenüber. Wer wagt es schon heute in dieser »realistischen, aufgeklärten Zeit«, ein schlichtes Gebet zu veröffentlichen?

In einer Nacht, als die Kinder schliefen, hatte ich mir eine Kerze angezündet und betete für den Jungen. Da hörte ich eine Tür, nackte Füße liefen über den Gang. Aufgeregt kam er auf mich zu und sprach bei klarem Bewußtsein: »Gib mir noch so einen Spruch.«

Einige Wochen später war von seiner »Psychose« so gut wie nichts mehr vorhanden, und heute befindet er sich in einem anthroposophischen Heim. Die Ärzte haben diese positive Veränderung schnell unter den Tisch gewischt, das erschien ihnen doch sehr mysteriös, und sie konnten sich an seinen Fortschritten nicht freuen, weil sie sie nicht verstanden. Um so größer war meine Freude, auch wenn ich sie mit niemandem teilen konnte.

Ihnen, lieber Wladimir Lindenberg – Bote Gottes in meinem Leben –

wünsche ich von ganzem Herzen Gottes Segen.

P. K.

A. E., Stetten,   24. September 1992 (Auszug)

Lieber, Verehrter!

Ich habe in letzter Zeit von Ihnen gelesen:
Marionetten in Gottes Hand,
Bobik im Feuerofen,
Bobik in der Fremde,
Wolodja,
Himmel in der Hölle und, auszugsweise,
Bobik begegnet der Welt.

Aus allen Büchern strahlt das gleiche starke Licht – danke!

Da ich ebenso gerne Ihre Stimme höre, habe ich mir auch Ihre Sprechplatte bestellt. Ich bin Musiker und höre sehr gerne und genau singende und sprechende Stimmen.

Aus dem Prospekt des Reinhardt-Verlages blicken Sie Ihre Leser an – mit 4 Jahren, mit 20, »im mittleren Alter« und als 80jähriger – eine gute Idee. In Ihren Büchern gäbe es 100 Stellen, die in mir verwandte Saiten zum Schwingen bringen – aber das wäre zuviel, wollte ich Ihnen das alles schreiben.

So genüge es für heute, nochmals Dank zu sagen für Ihre Bücher und Ihnen für die vorbildhafte Vita.

Herzlichst Ihr Leser A. E.

K. R., Berlin,   12. Juli 1993 (Auszug)

Hochverehrter Herr Prof. Lindenberg,

seit Monaten habe ich das Bedürfnis Ihnen zu schreiben. Viele Stunden habe ich mit der Lektüre Ihrer Werke verbracht, so daß mir Ihre Gedanken und Worte vertraut sind. Ich erfreue mich insbesondere an ihrer ganzheitlichen Sichtweise, an Ihrem umfangreichen Wissen, an der Ehrfurcht, mit der Sie Dinge, Wesen und Verhaltensweisen beschreiben. Ich bin ein Mensch, der sich nicht mit dem Wasserkrug zufrieden gibt, wenn er zur Quelle gehen kann. Das führt dazu, daß ich besonders gern in der Bibel lese. Ihre Schriften fesseln mich, weil ich so oft meine Gedanken und Werte in verständlicher Sprache wiedergefunden habe, das Erlebnis erfahren durfte, verstanden zu sein und daraus Kraft bekam.

Schmunzelnd denke ich an einen Abend zurück, an dem ich beim Lesen eines Ihrer Bücher dachte, »W.L. schreibt eigentlich nichts Neues«. Schon im nächsten Absatz hieß es dann sinngemäß, daß alle großen Gedanken und Erkenntnisse schon Ausdruck gefunden haben und Sie sich häufiger gefragt haben, ob es überhaupt noch nötig sei, Bücher zu schreiben. Sie täten es, um in einer neuen Ausdrucksform für andere Menschen den Inhalt empfänglich zu machen. Ja, so ging es mir oft mit Ihren Büchern, ich empfand sie wie ein Zwiegespräch. Ich danke Gott, der Sie zum Mittler begabt hat!

Hochachtungsvoll   K. R.

K. P., Hamburg,   14. Juli 1993 (Auszug)

Sehr verehrter Herr Dr. Lindenberg !

Sie haben mir im Februar so liebenswürdig und verstehend auf meinen Brief geantwortet, zudem so eingehend, daß es mich fast beschämt. Vor allem aber habe ich mich sehr gefreut und danke Ihnen von Herzen.

Wenn ich nun so lange gebraucht habe, zu schreiben, so mag es daran liegen, daß ich trotzdem nicht ganz glücklich wurde mit dem, was Sie zum »Schleier« schreiben (mit dem Verweis auf 1. Kor. 13). Eben weil ich mich verstanden fühlte, wußte ich nicht so richtig, wie ich damit umgehen sollte.

Sie schrieben: »Auf unserem Planeten ist der Schleier über alles ausgebreitet, über Vergangenheit und Zukunft« und somit auch über die Wahrnehmungsfähigkeit jedes einzelnen Menschen. Ja, das ist wohl ein Grundmotiv der Religionsgeschichte, das sich in vielen Gestalten unter vielen Namen wiederfinden läßt. Damit scheint es überall Wege zu geben, auf denen wir diesen Schleier in kurzen, tiefen Momenten durchschreiten können.

Was mich im Hinblick auf das geistliche Amt sorgenvoll stimmt, ist (mein) ein Schleier, der zwischen meinem Gegenüber und mir zu liegen scheint, so daß ich, manchmal jedenfalls, sehr verzögert wahrnehme, oder besser, auf Vorrat. Erst Stunden, Tage, manchmal auch Jahre später, fange ich an zu verstehen, was geschah, wie ich mich hätte verhalten sollen, was ich hätte sagen können, während ich im Moment lieber schweigen möchte, weil ich das Gefühl habe, das spontan Geäußerte stimme nicht zu dem, was der andere ausdrücken will.

So entstehen viele verpaßte Gelegenheiten. Aber vielleicht ist gerade das normal, Ausdruck jenes anderen Schleiers, von dem Sie sprechen.

Mit herzlichen Grüßen   Ihr K. P.

Bücher von Wladimir Lindenberg

1   *Tragik und Triumph großer Ärzte.* Ulm: J. Ebner 1948.
1a Neuaufl. u. d. Titel *Ärzte im Kampf gegen Krankheit und Dummheit.* München: Ernst Reinhard 1963.
2   *Die Unvollendeten.* Lebensläufe früh verstorbener Dichter. Hamburg: Hans Dulk 1948.
2a Neuaufl. u. d. Titel *Frühvollendete.* François Villon. Percy Bysshe Shelley. Georg Büchner. Jean Arthur Rimbaud. Georg Trakl. Sergei Jessenin. Hans J. Eggert. München: Ernst Reinhardt 1966.
3   *Die ärztliche und soziale Betreuung des Hirnverletzten.* Leipzig: Thieme 1948.
4   *Der Hirnverletzte.* Ein Wegweiser für sein Leben. Lahr: Soziale Selbsthilfe des Bundes hirnverletzter Kriegs- u. Arbeitsopfer. 1950. (Bonner Hefte zur Hirnverletztenbetreuung. 1)
5   *So sieht es der Patient.* Briefe und Selbstschilderungen von Hirnverletzten. Berlin: Berliner medizinische Verlagsanstalt 1954.
6   *Praktikum der Menschenkenntnis für Polizeibeamte.*Berlin, Köln: Heymanns 1956.
7   *Die Menschheit betet.* Praktiken der Meditation in der Welt. München: Ernst Reinhardt 1956.
8   *Training der positiven Lebenskräfte.* Büdingen-Geltenbach: Lebensweiser Verlag 1957.
9   *Mysterium der Begegnung.* München: Ernst Reinhardt 1959.
10 *Gespräche am Krankenbett.* München: Ernst Reinhardt 1959.
11 *Yoga mit den Augen eines Arztes.* Eine Unterweisung. Berlin: Richard Schikowski 1960.
12 *Marionetten in Gottes Hand.* Eine Kindheit im alten Rußland. München: Ernst Reinhardt 1961.
13 *Briefe an eine Krankenschwester.* München: Ernst Reinhardt 1962.
14 *Schicksalsgefährte sein ...* Aufzeichnungen eines Seelenarztes. München: Ernst Reinhardt 1964.
15 *Bobik im Feuerofen.* Eine Jugend in der russischen Revolution. München: Ernst Reinhardt 1964.
16 *Richter, Staatsanwälte, Rechtsbrecher.* Betrachtungen eines Sachverständigen. München: Ernst Reinhardt 1965.
16a Neuaufl. u. d. Titel *Zwischen Gerichtssaal und Gefängnis.* Strafprozeß, Strafvollzug und danach? Freiburg: Herder 1970.

17 *Gottes Boten unter uns.* München: Ernst Reinhardt 1967.

18 *Das Yoga-Bilderbuch.* (mit B.v. Keyserlingk u. G. Thylmann). Berlin: Richard Schikowski 1967.

19 *Bobik begegnet der Welt.* Reiseerlebnisse formen einen jungen Menschen. München: Ernst Reinhardt 1969.

– *Bobiks Reisen.* Wuppertal: Johannes Kiefel 1969. Auszüge aus 19.

20 *Jenseits der Fünfzig.* Reife und Erfüllung. München: Ernst Reinhardt 1970.

– *Trauer und Tränen werden vergehen.* Bobik erlebt die Revolution. Wuppertal: Johannes Kiefel 1970. Auszüge aus 15.

21 *Bobik in der Fremde.* Ein junger Russe in der Emigration. München: Ernst Reinhardt 1971.

22 *Über die Schwelle.* Gedanken über die letzten Dinge. München: Ernst Reinhardt 1972.

23 *Wolodja.* Porträt eines jungen Arztes. München: Ernst Reinhardt 1973.

24 *Geheimnisvolle Kräfte um uns.* Kurzgeschichten von schicksalhaften Begegnungen. München: Ernst Reinhardt 1974.

25 *Tag um Tag ist guter Tag.* Kreuzzug gegen Nöte und Ängste. München: Ernst Reinhardt 1976.

– *Reise nach Innen.* Mit Zeichnungen des Autors. Salzburg: Alfred Winter 1976. Auszug aus 19.

26 *Mulford, Prentice.* Auswahl von Werken, kommentiert und herausgegebenen von Wladimir Lindenberg. Berlin: Richard Schikowski 1976.

27 *Riten und Stufen der Einweihung.* Schamanen, Druiden, Yogis, Mystiker, Starzen – Mittler zur Anderwelt. Freiburg: Aurum 1978.

28 *Mit Freude Leben.* München: Ernst Reinhardt 1979.

– *Bobik.* Eine Kindheit im alten Rußland. Wuppertal: Johannes Kiefel 1979. Auszug aus 12.

29 *Zu Gast bei Wladimir Lindenberg.* Von feinen Kochkünsten und kulinarischen Speisefolgen zur Bewirtung lieber Gäste. München: Ernst Reinhardt 1981.

30 *Aus einem erfüllten Leben.* Betrachtungen und Gedanken von Wladimir Lindenberg. Textauswahl und Fotos von Gisela Peters. München: Ernst Reinhardt 1981.

31 *Der unversiegbare Strom.* Geschichten und Legenden aus dem heiligen Rußland. Freiburg: Herder 1982.

32 *Himmel in der Hölle.* Wolodja als Arzt in unseliger Zeit. München: Ernst Reinhardt 1983.

33 *Lob der Gelassenheit.* Weisheiten und Geschichten. Freiburg: Herder 1984.

34 *Tri doma.* Avtobiografija 1912-1918, napisannaja v 1920 godu. Podgotovka teksta i posleslovie Volfganga Kazaka. [Die drei Häuser. Autobiographie 1912-1918, geschrieben 1920. Edition und Nachwort von Wolfgang Kasack, russ] München: Otto Sagner 1985.
35 *Die heilige Ikone.* Vom Wesen christlicher Urbilder im alten Rußland. Stuttgart: Urachhaus 1987. 16 farb. Bilder.
36 *Das Leben betrachten.* Wladimir Lindenberg im Gespräch mit Christine Rackuff. Stuttgart: Urachhaus 1994.
37 *Die Seele meiner Tiere.* Neuwied: Die Silberschnur 1994.

Bücher über Wladimir Lindenberg

1 Wolfgang Kasack: *Schicksal und Gestaltung.* Leben und Werk Wladimir Lindenbergs. München: Ernst Reinhardt 1987.
2 *Wladimir Lindenberg.* Ein Porträt in Texten und Bildern. Zusammengestellt und herausgegeben von Gertrud Züricher. München: Ernst Reinhardt 1993.

Die Fotos im vorliegenden Band stammen von Inge Kundet-Saro, Berlin.

Glossar

Albigenser Gruppe der mittelalterlichen Glaubensgemeinschaft der Katharer. Ihre Lehre von extrem asketischer Strenge propagiert Armut und Absage an die irdische Welt.

Ammoniten prähistorische Kopffüßer mit meist spiralig eingerolltem Gehäuse, es gab Exemplare bis zu 2,5 m Durchmesser. Lebten in den Erdzeitaltern vom Devon bis zur Oberkreide.

Aristoteles griech. Philosoph, 384–322 v. Chr.

Ashoka auch Aschoka. Indischer König (Apostelkönig), wurde Buddhist und förderte die Verbreitung des Buddhismus.

Assisi, Franz von Giovanni Bernardone, 1182–1226, Stifter des Franziskanerordens. Predigte Bruderschaft zwischen Mensch und Tier und übertrug die Botschaft des Evangeliums in die Sprache des Volkes. Galt als Apostel der Armut und praktizierte die Christliche Lehre im täglichen Leben. Zwei Jahre nach seinem Tode wurde er 1228 vom Papst heilig gesprochen.

Blériot, Louis Konstrukteur eines der ersten Eindeckerflugzeuge, mit dem er 1909 zum ersten Mal in der Fluggeschichte den Kanal in 27 Minuten überquerte; Begr. der französischen Flugzeugindustrie. 1872–1936.

Bojar im alten Rußland der mit Landbesitz ausgestattete Ratgeber der Großfürsten und Zaren; unter Peter d. Gr. durch den Dienstadel (Tschin) ersetzt.

Chardin, Pierre Teilhard de Paläontologe, Anthropologe, 1899–1955; Lit. : Der Mensch im Kosmos; Die Entstehung des Menschen u.a.

Chassidismus Religiöse Bewegung des Ostjudentums (Polen, Ukraine), 18. Jhd. begr.,Verinnerlichung und weltbejahende Mystik; widmete sich der Gebetsversenkung, Ekstase, kult. Gesang und Tanz.

Daskalos Dr. Stylianos Atteshlis, zypriotischer Heiler und Weisheitslehrer der Gegenwart.

Essener jüd. ordensähnl. Gemeinschaft in Palästina; 150 v. Chr bis 70 n. Chr.

Genius (Mz. Genien) im röm Altertum die göttl. Verkörperung des höheren u. inneren Wesens eines Menschen, einer Gemeinschaft, eines Ortes, eines Staates; auch ihr persönlicher Schutzgeist (geflügelt dargestellt).

Gnostiker Vertreter der Gnosis (griech. = Erkenntnis) Bezeichnung für ein intellektuelles, spekulatives Erkennen, als ein Schauen Gottes, das dem Menschen ein esoterisches Wissen von der übersinnlichen Welt und den heilbringenden Weg zu ihr eröffnen soll.

Hippokrates griech. Arzt. Begründer der Medizin als Erfahrungswissenschaft. 460–377 v. Chr.

homo faber lat.: Der Mensch als Schmied. Bez. für den Menschen in seiner Fähigkeit, sich Werkzeuge und techn. Hilfsmittel zur Naturbewältigung und -kultivierung herzustellen.

homo neanderthalensis vorgeschichtlicher Mensch der Altsteinzeit (Mittelpaläolithikum). 300 000 bis 40 000 v. Chr.

homo sapiens vernunftbegabter Mensch, der heutige Mensch. Intelligenz gilt als besondere Eigenschaft.

Karliki Heinzelmännchen.

Lassalle, Hugo Jesuitenpater, 1948 jap. Staatsbürgerschaft unter dem Namen Makibi Enomiya. Mehr als 100 Bücher veröffentlicht. Überwiegend aus dem Bereich des Zen-Buddhismus. 1898–1990.

Metanoia (griech. Sinnesänderung, Reue) Das Abscheiden des alten und ›Geborenwerden‹ eines neuen Menschen (z. B. Initiationen).

Mithras-Kult Kult des persischen Lichtgottes Mithras, verbreitet über das ganze römische Reich; zeitw. der größte Rivale des aufkommenden Christentums; hat vieles mit Christentum gemeinsam.

Paracelsus Philippus Aureolus Theophrastus Bombastus von Hohenheim. Arzt. Bahnbrechend für mod. naturwiss. Medizin. Erkannte die Bedeutung der physikal. u. chem. Grundlagen alles Lebendigen. Glaube an die Selbsthilfe der Natur, deren Förderung er als die Hauptaufgabe des Arztes ansah. Führte chem. Arzneimittel ein. Betonung des Zusammenhanges von Leib und Seele.

Peripatetiker ›die Herumwandler‹, Angehörige der Schule des Aristoteles. Die Schüler lernten und diskutierten beim Umherwandeln. Peripatos: Wandelgang des Gymnasiums im Lykeion von Athen.

Pithecanthropus Frühmensch (homo erectus) aus dem mittleren Pleistozän (1,5–0,3 Mio. Jahre), 1891 auf Java entdeckt

Sanskrit Hoch-, Literatur- und Gelehrtensprache Indiens. Bis heute gebräuchlich.

Schamanen Medizinmänner und Medien mit der Fähigkeit, mit Geistern in Verbindung zu treten. Als Priester oder Medizinmänner in verschiedenen Naturreligionen in Nordasien.

Scholastik christlich-aristotelische Philosophie und Theologie des Mittelalters, die die kirchlichen Dogmen vernunftmäßig zu begründen und mit der antiken Philosophie in Einklang zu bringen suchte. (9.–4. Jhd.).

Schtschi einfache Kohlsuppe, typische Gefangenenverpflegung in Rußland.

Starzen oder Starzy Mhz. von Starez (russ. der Alte) In der russ.-

orthodoxen Kirche der Beichtvater (Mönch) und geistlicher Erzieher junger Mönche, der im 19. Jhd. auch starken Einfluß auf die Laienwelt ausübte.

Yoga indische philosophische Lehre, deren Ziel es ist, durch Meditation, Askese und bestimmte körperliche Übungen den Menschen von dem Gebundensein an die Körperlichkeit zu befreien.

Zazen (jap. Za=sitzen) Sitzen im Geiste des Zen, also in geistiger Sammlung und Versenkung. »Die drei Pfeiler des Zen« Lehre, Übung, Erleuchtung. Philipe Kapleau. O.W. Barth Verlag.

Zen japanische Richtung des Buddhismus, die durch Meditation die Erfahrung der Einheit allen Seins u. damit tätige Lebenskraft u. größere Selbstbeherrschung zu erreichen sucht.

Zend-Avesta kommentiertes Avesta. (Zend=Tradition, Avesta=Wissen); das Avesta ist die heilige Schrift der Anhänger des Parsismus, benannt nach den aus Persien stammenden, vor dem Islam nach Indien ausgewichenen Parsen (Zarathustrische Religion; Zarathustra stammt aus der Zeit um 600 v. Chr.).